Madan Birla
Cecilia Miller Marshall

Erfolgreich arbeiten, glücklich leben

Madan Birla
Cecilia Miller Marshall

Erfolgreich arbeiten, glücklich leben

In vier Schritten zum Lebensgleichgewicht

mvg

Die Deutsche Bibliothek – CIP-Einheitsaufnahme

Birla, Madan:
Erfolgreich arbeiten, glücklich leben : in vier Schritten zum Lebensgleichgewicht / Madan Birla mit Cecilia Miller Marshall. Aus dem Amerikan. übers. von Thomas Kopal. - Landsberg am Lech : mvg-verl., 1999
Einheitssacht.: Balanced life and leadership excellence <dt.>
ISBN 3-478-74070-3

Originalverlag: The Balance Group
Originaltitel: „Balanced Life and Leadership Excellence. A Nurturing Relationship“

Internet: http://www.mvg-verlag.de

Umschlaggestaltung: Schlotterer & Partner, München
Satz: Fotosatz H. Buck, Kumhausen
Druck und Bindearbeiten: Himmer GmbH, Augsburg
Printed in Germany 074 070/899 502
ISBN 3-478-74070-3

Inhalt

Für Shashi, Naveen und Manisha,
die meinem Leben Sinn, Spaß
und Richtung gegeben haben

Dank

Für die Durchsicht und die vielen Anmerkungen danken wir Sally Thomason, Ed Hirsch, Bill Henson und Jill Johnson-Piper. Terri DePriest gebührt unser Dank für die Abschrift des Manuskripts, der Graphikdesignerin Beverly Cruthirds für die einfallsreiche Gestaltung der englischen Version dieses Buches und Robert Kerr für dessen Lektorat und die Buchproduktion.

Und natürlich wollen wir auch unseren Familien für ihre liebevolle Unterstützung herzlich danken.

Madan Birla
Cecilia Müller Marshall

Über Autor und Koautorin

Madan Birla ist erfolgreicher Geschäftsmann, Ehegatte, Vater, Erzieher und Berater und wie kein anderer geeignet, dieses Buch zu schreiben. Seit sechs Jahren hält er Führungskräfteseminare zu Themen eines ausgeglichenen Lebensstils ab. Seine diesbezüglichen Erfahrungen haben Eingang in dieses Buch gefunden.

Madan Birla hat an verschiedenen Universitäten studiert und kann auf eine über zwanzigjährige Managementerfahrung, beispielsweise bei Federal Express, zurückblicken, wo er für seine besonderen Leistungen ausgezeichnet worden ist.

Er verkörpert zwei verschiedene Kulturen – Ost und West – und vereint in seiner Philosophie zwei scheinbare Gegensätze unserer modernen Welt: die Arbeit und die Familie. Madan Birla lebt mit seiner Familie und seinen zwei Kindern in Collierville, Tennessee.

Koautorin Dr. Cecilia Müller Marshall, Ph.D., ist Psychologin und arbeitet in ihrer eigenen Praxis in Oxford, Mississippi. Ihre Ausbildung absolvierte sie am Rhodes College der University of Louisville und der University of Mississippi. Sie hat über zwanzig Jahre Erfahrung in der Beratung und Behandlung von Einzelpersonen und Familien. Ihre eigene Familie umfaßt neben ihrem Mann und ihren zwei Töchtern auch einen Hund und zwei Pferde.

Ein Leben im Ungleichgewicht

Kapitel 1

Damit sind Sie nicht allein

> Zwei Dinge sollte der Mensch im Leben anstreben: erstens bekommen, was er will, und dann das genießen, was er hat. Letzteres streben allerdings nur die Weisen an.
>
> *Logan Pearsall Smith*

Vielleicht haben Sie ja ähnliche Aussagen wie die folgenden auch schon einmal gehört. Vielleicht haben Sie ja auch selbst schon einmal Ähnliches gesagt. Vielleicht tun Sie das immer noch.

Bernhard, 42 Jahre alt und stellvertretender Geschäftsführer: Meine Verantwortung und meine Arbeitsbelastung werden immer größer. Gleichzeitig habe ich immer weniger Zeit und Kraft für Unternehmungen mit Freunden oder der Familie.

Johanna, 31 Jahre alt und Chefredakteurin: Kürzlich bin ich zur Chefredakteurin eines auflagenstarken Magazins aufgestiegen, und das hat mich sehr gefreut. Aber eigentlich würde ich gern eine Familie gründen.

Susanne, 39 Jahre alt und Staatsanwältin: Während der Schwangerschaft mit meinem zweiten Kind beschloß ich, mich für eine Weile aus dem Beruf zurückzuziehen. Mittlerweile habe ich nun schon das dritte Kind. Aber je länger ich meiner Arbeit fernbleibe, desto mehr vermisse ich die Anregung und die Herausforderung, vom Geld gar nicht zu reden. Ständig mache ich mir Gedanken über meinen Wiedereinstieg, und wie ich die verschiedenen Bereiche des Lebens miteinander in Einklang bringen kann. Ich muß unbedingt etwas unternehmen.

Überall lassen sich Belege für diese Überlegungen finden

In der Arbeitswelt: Neuere Studien über die Einstellung von Mitarbeitern zu ihren Karriereentscheidungen zeigen, daß die Haltung der Firma gegenüber dem Familienleben sowie gewährte familienorientierte Sozialleistungen (Kinderbetreuung, Familienurlaube, geregelte Arbeitszeiten) eine ebenso große Rolle spielen wie das Gehalt, die Stellung in der Hierarchie und der Standort der Firma.

> In seinen Bewerbungsgesprächen fragte ein erstklassiger Hochschulabgänger nicht erst wie üblich nach seinen Aufstiegsmöglichkeiten, sondern danach, wie die Firma einen ausgewogenen persönlichen Lebensstil unterstützen würde.
>
> Ein Systemanalytiker ließ zahlreiche Angebote größerer Firmen mit höheren Gehältern sausen, weil er als alleinerziehender Vater wußte, wie gut seine beiden Kinder aufgehoben waren. Die kleine Firma, in der er beschäftigt war, unterhielt ganz in der Nähe eine Kindertagesstätte.

Offensichtlich reagiert ein Großteil der Arbeitnehmer zunehmend kritischer auf jene Bereiche, die einen ausgeglichenen Lebensstil ausmachen. In den kommenden Jahren werden zwei Drittel aller neuen Arbeitskräfte Frauen sein. Von diesen werden wiederum zwei Drittel während ihrer Arbeitsjahre schwanger werden wollen, und 40 Prozent werden sich später um ihre betagten Eltern kümmern müssen.

Die üblichen „Kinder-oder-Karriere"-Klischees werden solchen veränderten Anforderungen nicht mehr gerecht. Der „Karriere-Weg" bedeutet, lange Arbeitstage sowie kurze Wochenenden in Kauf zu nehmen und die Interessen der Familie denen der Firma hintanzustellen. Der „Kinder-Weg" dagegen schränkt die Rolle eines Elternteils im Arbeitsleben deutlich ein.

Dabei wird von keinem dieser „Wege" folgendes berücksichtigt:

- Alleinerziehende und arbeitende Elternteile müssen häufig sowohl die Mutter- als auch die Vaterrolle übernehmen.
- Werden familienorientierte Angestellte auf dem „Kinder-Weg" abgestellt, gehen der Firma damit die Kapazitäten und die Fähigkeiten dieses Angestellten verloren.
- Wer seine persönlichen Angelegenheiten und seine Familie vernachlässigt, senkt auch seine Produktivität bei der Arbeit. Dabei ist es egal, wie viele Stunden man zusätzlich schuftet.

In der Medienwelt: Auch das Fernsehen und die Presse, die als Fenster zu unserer Kultur gelten, haben den ausgeglichenen Lebensstil als Thema aufgegriffen. Eine Anzeige für IBM war neulich überschrieben:

> Sie haben nicht mal einen Arbeitsplatz, um Ihren Computer zu verstehen. Sie haben ein Leben.

In der Anzeige wird dann so getan, als ob der „Versuch, ein besseres Gleichgewicht zwischen Ihrer Arbeit und Ihrem Leben herzustellen", so etwas wie der neueste nationale Zeitvertreib ist.

Der Bestseller von Faith Popcorn, „Der Popcorn-Report", beschreibt gesellschaftliche Trends, die das Marketing in den kommenden zehn Jahren beeinflussen werden. Hier findet sich ein Begriff wie „cocooning", also einspinnen, im Sinne von ins Häusliche zurückziehen. Der Report gibt damit nicht nur das Bedürfnis der Menschen nach mehr Privatheit wieder, sondern auch eine zunehmende Ernüchterung mit einer Kultur, die sich nur an Sushi und Nobelkarossen orientiert. Außerdem kommt in ihm auch die wachsende gesellschaftliche Sorge über die Rolle von Unternehmen und ihrer Gewinnorientierung in der Gesellschaft zu Wort.

Seit einigen Jahren werden neue Geschäftszweige gegründet, die Serviceleistungen wie Einkaufen, Bankgeschäfte, Vorratshaltung und Geschenkauswahl anbieten, damit den Menschen am Ende des Tages noch etwas Zeit bleibt.

Bei Teenagern: Vor dem schnellen Geld steht bei Jugendlichen die Lebensqualität. Zu diesem Ergebnis kam eine Studie im Auftrag der Kent Youth Group. Familie, Freunde, Gemeinschaft, Freizeit und soziales Engagement nehmen bei den fast Zwanzigern jedenfalls einen hohen Stellenwert ein.

Bei Frauen: 73 Prozent aller Frauen und 51 Prozent der Männer beklagen, zuwenig Zeit für Freizeitaktivitäten zu haben. Laut einer Umfrage des *Time*-Magazins sahen die Frauen das wichtigste Ziel der heutigen Frauenbewegung darin, Karriere und Familie ausgewogen unter einen Hut zu bringen. Dabei ging es ihnen nicht darum, noch mehr Hilfe bei der Karriereplanung zu erhalten, sondern darum, Unterstützung zu bekommen beim Erfolg im Leben und der notwendigen Zeit, diesen Erfolg auch zu genießen.

Dieser inneren Reise widmet sich ebenfalls das neueste Buch der Feministin Gloria Steinem. Hierin beschreibt sie ihre Suche nach dem Selbst und widerspricht der Auffassung, anerkannt, bekannt und erfolgreich zu sein würde allein schon ausreichen, um im Einklang mit sich selbst zu leben.

Die Rückkehr zu einer Frauen-an-den-Herd- und Männer-an-die-Arbeit-Lösung der fünfziger Jahre schließt sie allerdings aus. Ihrer Ansicht nach können Frauen und Männer dann einen effizienten Beitrag zu dieser Welt leisten, wenn persönliches Wachstum und gute Beziehungen Hand in Hand mit sozialen und politischen Veränderungen sowie beruflichem Erfolg einhergehen.

In ihrem Buch „Gedanken für Frauen, die zuviel tun" wendet sich die Autorin Anne Wilson Schaef an Frauen, deren Leben ihnen irgendwie aus der Hand geglitten ist. Sie gibt ihnen für jeden Tag im Jahr einen Merksatz mit auf den Weg. So ist am 5. Februar „Erschöpfung" das Thema, das mit einem einleitenden Zitat von Charlotte Linton beginnt:

> „Frauen müssen alles doppelt so gut wie Männer machen, um nur halb so gut zu sein. Glücklicherweise ist das nicht schwierig."

Viele Frauen sind tatsächlich völlig ausgepowert durch den Versuch, alles zu schaffen. Und Erschöpfung ist ein deutliches Zeichen dafür, daß das eigene Leben aus dem Gleichgewicht geraten ist.

Bei Männern: Auch bei Männern zeichnen sich Rollenveränderungen und gewandelte Bedürfnisse ab. Die Verlage von Männermagazinen veröffentlichen Handbücher über Kindererziehung. Auf ganzseitigen Anzeigen sind Mütter und Väter zu sehen, die frisch gewickelte Babys hochhalten. Und moderne Werbekampagnen richten sich nicht mehr nur an den smarten Geschäftsmann im dunklen Anzug, sondern beziehen auch den engagierten Vater in ihr Konzept mit ein.

Psychologen berichten öffentlich über ihre Erfahrungen mit der Rückkehr zu einem einfacheren, aber ausgeglichenen Lebensstil, der mit materiellem Verzicht – etwa auf eine

Luxuslimousine – einherging. Dabei beschreiben sie nicht nur die großen und wirklich wichtigen Veränderungen ihres Lebens, sondern schildern auch die weniger sichtbaren Vorteile, die beispielsweise eine berufliche Stabilität mit sich bringt.

In Seminaren werden die Teilnehmer dazu ermutigt, diese Karriereatempause als eine Gelegenheit zu begreifen und sich nicht an einem ständigen beruflichen Fortschritt zu orientieren. Wer die Zeit des Stillstands nutzt, um Energie zu tanken, erworbene Fähigkeiten zu verbessern, neue Beziehungen zu knüpfen, Ziele und Wertvorstellungen zu überdenken sowie langsame Entwicklung zu planen, der wird ein enormes inneres Wachstum erleben.

Wenn aber so viele Menschen das Bedürfnis nach einem ausgeglichenen Leben verspüren – warum streben dann nicht mehr danach?

Obwohl uns eine Menge Möglichkeiten geboten werden, sind wir zu Sklaven unserer Arbeit, unserer Erwartungen, unserer Besitztümer und unserer Hypothekenzahlungen geworden. Obwohl wir intelligent, fähig und sensibel sind, haben wir unsere Freiheit verloren. Warum scheint uns die Kontrolle über unser Leben entglitten zu sein?

1. Wir wissen nicht, wie.
   Jeder möchte gern einen ausgeglichenen und gesunden Lebensstil führen, aber den meisten von uns fehlt so etwas wie das Geheimnis der Lebensgestaltung. Sie wissen einfach nicht, wie sie es anstellen sollen. Unser modernes Leben verlangt uns Fähigkeiten und Fertigkeiten ab, die uns weder unsere Eltern noch unsere Lehrer vermitteln konnten. Wichtige Voraussetzungen, um einen ausgegli-

chenen Lebensstil zu entwickeln, sind Geduld, Experimentierfreude und der Wille, unsere Fähigkeiten und unser Wissen ständig auf den neuesten Stand zu bringen.

2. Wir zaudern.
   Eigentlich würden wir uns ja gern um einen ausgeglichenen Lebensstil kümmern, aber Rechnungen müssen bezahlt, Karrierechancen wahrgenommen und Vorhaben verwirklicht werden. Ehe wir uns umdrehen, ist schon wieder ein Jahr vergangen. Wir vermeiden es, uns direkt mit unserem Lebensstil zu konfrontieren, aber so ganz läßt uns das Unbehagen doch nicht los.
3. Um mit dem selbstgemachten Streß fertig zu werden, kippen wir immer mehr ungesunde Dinge in uns hinein.

◆ Die Segnungen der Chemie: Sind sie immer hilfreich?
In letzter Zeit hat die Zahl der verschriebenen Beruhigungspillen ein erschreckendes Ausmaß angenommen. Natürlich haben Tranquilizer einen unbestrittenen medizinischen Nutzen, aber sie verhindern auch, daß wir uns mit Fragen zur ausgeglichenen Lebensführung auseinandersetzen. Denn entscheidend ist doch, herauszufinden, was den Streß überhaupt verursacht, anstatt ihn mit Pillen zu unterdrücken. Bills Fall soll das belegen:

> Bill ist ein dreißigjähriger Geistlicher, und seine Frau arbeitet als Grundschullehrerin. Beide hatten erst kürzlich Zuwachs durch ein Baby bekommen, und nun stand die unausweichliche und äußerst umtriebige Weihnachtszeit vor der Tür. Bill wurde seine schon chronische Erkältung sowie den Husten einfach nicht mehr los, und so beschloß er, zum Arzt zu gehen, um mit Hilfe der notwendigen Medikamente wieder auf die Beine zu kommen. Der Arzt nahm seine Aufgabe ernst und erstellte zunächst eine vollständige Krankengeschichte. Bills Verhalten, seine Verantwortung und weitere mögliche Streßfaktoren wurden unter die Lupe genommen.
>
> Aber statt der erwarteten Antibiotika bekam Bill eine Diät verschrieben sowie Übungen und Strategien, um mit dem Streß

besser zurechtzukommen. Dieses „Rezept“, verbunden mit einem pflanzlichen Hustenmittel, sollte nicht nur seine Erkältung beseitigen, sondern auch sein ganzes Leben verändern.

- Nur auf die Zukunft fixiert sein: Wenn ich erst einmal … befördert worden bin, das Haus gekauft habe – dann wird alles besser werden usw.

Diese Einstellung birgt ein Problem in sich: Die von Ihnen anvisierte Zukunft wird niemals zur Gegenwart. Die Zufriedenheit, die Sie sich ersehnen, erreichen Sie nicht durch ein Haus oder eine Beförderung; und so wird die wilde Aufholjagd Sie permanent in Atem halten. Sich Ziele zu setzen ist wichtig, aber wer immer nur die Zukunft vor Augen hat, versäumt, in der Gegenwart zu leben. Jeder Tag ist neues Leben. Das ist die Lektion, die viele Schwerstkranke gelernt haben. Das Leben findet heute statt.

- Das Problem verschieben: Ich tue es ja für andere.

Eigentlich brauchen wir den materiellen Wohlstand für unsere Familie – so reden wir es uns jedenfalls ein. Aber fragen Sie doch einmal Ihre Kinder oder Ihren Partner, was sie wirklich wollen. Die Antworten werden Sie überraschen.

Unterhalten Sie sich mit guten Freunden über Ihre Kindheit. Sie werden sehen, schon bald kommt das Gespräch auf die Angeltouren mit dem Vater, die Campingausflüge mit der Familie, den Sommer am Strand, die Schulwettkämpfe oder die Klavierabende zu Hause.

Niemand wird sich daran erinnern, welche Kleider man trug, in welchem Haus man gelebt hat, ob das Spielzeug teuer war und welche Marke das Auto hatte. Gemeinsame Erinnerungen und glückliche Erfahrungen mit den Eltern sind das, was in unseren Gedächtnisschubladen hängenblieb.

- Den Konflikt nach außen tragen: Ich brauche einen neuen Job, eine neue Wohnung, ein neues Auto.

Die Frage ist hier, welche Motive der Veränderung zugrunde liegen. Den Job zu wechseln, in eine andere Stadt zu ziehen, ein neues Auto zu kaufen oder in ein anderes Haus zu ziehen kann dann sinnvoll sein, wenn dahinter ein richtiges Bedürfnis steht. Wer aber meint, damit Probleme verdrängen zu können, der wird wie Mark lernen müssen, seine Probleme zu lösen:

> Beim Mittagessen erzählte Mark einem Freund von seinem letzten Arztbesuch. Der Doktor hatte ihm geraten, den Job zu wechseln, um die Belastung zu verringern und seinen hohen Blutdruck wieder zu senken. Darauf antwortete der Freund: „Kann sein, daß der Wechsel hilft, kann aber auch nicht sein. Dich selbst nimmst du auch zu einer neuen Arbeitsstelle mit." Aber Mark entschied sich, der Empfehlung des Arztes zu folgen. Seine Familie jedoch war unzufrieden mit der Veränderung, und auch er dachte über einen erneuten Wechsel nach.

◆ Das Problem kompensieren: Was ich wirklich brauche, ist ein … neues Haus, Auto, Boot usw.

Irgend etwas fehlt uns, das spüren wir. Aber anstelle diesem Gefühl der inneren Leere nachzugehen, stopfen wir die Lücke mit Konsumartikeln aller Art zu: mit Designermode, Gourmetlebensmitteln, exklusiven Stereoanlagen, schnellen Autos und vielem mehr. Damit sind die Symptome zwar zeitweilig beseitigt, aber die wirklichen Probleme fressen sich weiter in unsere Magenschleimhaut vor.

◆ Der Hang zum Fatalismus: Das ist vermutlich der Preis für den Erfolg.

Auf diese Beförderung hatte Klaus drei Jahre lang sehnsüchtig gewartet. Am Tag danach reichte seine Frau die Scheidung ein. Klaus war enttäuscht, aber er zuckte die Schultern und meinte, dies sei vermutlich der Preis für seinen Erfolg. Damit akzeptierte er vor sich selbst die einfachste Entschuldigung für eine verbaute Wirklichkeit, anstatt in sich zu gehen und sich über sein unausgeglichenes Leben Gedanken zu machen.

◆ Mutlosigkeit: Ich kann doch nichts tun.

Wenn keine Beförderung ansteht, das Gehalt nicht steigt und die Arbeit sich nicht ändert, befindet man sich in einer Phase der Stagnation. Viele Menschen überfällt dann Mutlosigkeit, folglich lassen sie auch in ihren Bemühungen nach, den Mangel an Anerkennung und Belohnung auszugleichen. Es ist eine innere Kündigung, bei der Kreativität, Engagement und Einsatz reduziert werden.

Clara vollzog solch eine innere Kündigung, ohne aber ihr Büro zu verlassen. Ihre direkte Vorgesetzte war ziemlich jung, und Clara sah sich wahrscheinlich deshalb von der alle drei Jahre stattfindenden Beförderungsrunde ausgeschlossen. Also hielt sie den Status quo aufrecht und widersetzte sich allen kreativen Ideen, die zusätzlichen Aufwand bedeuteten. Damit blieb ihr Bedürfnis nach beruflicher Herausforderung unbefriedigt, und schon bald danach begannen auch privat die Erfolge auszubleiben.

◆ Die Unfähigkeit, eine Grenze zu ziehen: Nur diese eine Aufgabe noch, und dann hab ich's geschafft.

Dieses Zitat könnte von einem anerkannten Workaholic stammen. Er würde es am Tag vor einem schweren Herzinfarkt zum besten geben, der ihm klarmacht, daß er bereits zu viele Projekte beendet hat. Wenn das Leben aus dem Gleichgewicht kommt, senden die verschiedenen Teile unseres Selbst Signale durch den Körper: die bohrenden Kopfschmerzen, der versteifte Nacken und die umtriebige Ruhelosigkeit. Sie geben uns lediglich zu verstehen, daß etwas fehlt – aber was es ist, können wir nicht exakt identifizieren.

Ähnlich dem Warnton einer überladenen Waschmaschine versuchen uns diese Symptome wachzurütteln: Vorsicht! Hier ist etwas aus dem Lot. Würden wir auf solche Alarmsignale unseres Körpers genauso schnell reagieren wie auf die „überfüllte“ Wäschetrommel, könnten viele Schwierigkeiten eines unausgeglichenen Lebens rasch überwunden werden.

◆ Passivität: Ich kann es nicht kontrollieren.

Sich eine passive Opferrolle zuzulegen ist eine weitere Möglichkeit, sein unausgewogenes Leben aufrechtzuerhalten. Schuld daran sind dann andere: die Kinder, die zuviel fordern, der Partner, der einen nicht unterstützt, oder überhaupt die zahlreichen Aufgaben jeden Tag.

Daß man passiv ist, darauf weisen Sätze wie „Was kann ich denn tun?“ – „Ich habe es nicht mehr im Griff“ oder „Ich habe doch alles versucht“ hin. Zeitweilig mögen solche Ausreden Erleichterung verschaffen – lösen werden sie das Problem jedoch nicht.

◆ Intellektuelle Analyse des Problems: Eigentlich sollte ich (sollten Sie) ja glücklich sein.

Solche Aussagen über das Gefühlsleben anderer werden häufig von Menschen getroffen, die keinen blassen Schimmer haben, wie es in dem anderen tatsächlich aussieht. Wer meint, bestimmte Ereignisse im Leben ließen sich rational und logisch erklären, der verkennt, daß es auch emotionale, spirituelle und persönliche Bewertungen gibt. Eigentlich haben wir ja alles, also sollten wir entsprechend zufrieden sein – diese Grundhaltung ist sowohl in den Medien als auch in der Gesellschaft weit verbreitet.

Hans, ein sehr erfolgreicher Geschäftsmann, war fassungslos, als er dahinterkam, daß seine Frau ein Alkoholproblem hatte. „Das verstehe ich nicht“, sagte er. „Ich verdiene doch gut. Wir leben in einem schönen Haus, fahren teure Wagen und haben keine finanziellen Sorgen.“

In dieser Argumentation gab es natürlich keinen Platz für die Depression und den Alkoholismus seiner Frau. Sie hatte eine andere Vorstellung von Erfolg als er. Dabei spielte der materielle Wohlstand nicht die Hauptrolle, sondern Gefühle, Beziehungen und spirituelle Wohlbefinden waren ihr ebenso wichtig.

Wie Sie auf gesundem Weg ein ausgeglichenes Leben erreichen
Jeder von uns hat die Kraft, ein Leben im Gleichgewicht zu führen. Aber diese Kraft wird uns erst zur Verfügung stehen, wenn wir die Opferrolle aufgeben, Verantwortung für unser Leben übernehmen und es zurückerobern. Viele Gewohnheiten, Rollen, Menschen und Gegebenheiten rufen in uns ein Gefühl der Enttäuschung sowie der inneren Leere hervor. Wir haben in unserem Leben zahllose Entscheidungen getroffen – weitreichende und banale –, und sie haben uns dahin gebracht, wo wir heute stehen. Die Entscheidungen, die wir heute treffen, bestimmen, wo wir in zehn Jahren sein werden. Auf einem erfolgreichen Lebensweg werden wir erst sein, wenn wir diese Verantwortung auch wirklich verstanden und angenommen haben.

Dabei wird es ganz sicher nicht nur einen Lösungsansatz geben, denn jeder von uns lebt in seiner eigenen Welt, hat eigene Ziele vor sich und frustrierende Erfahrungen hinter sich. Daher sollten Sie vorsichtig sein, wenn jemand Ihnen ein fertiges Konzept für ein ausgeglichenes Leben anbietet.

Der Ansatz, den wir Ihnen hier vorstellen wollen, sollte es Ihnen ermöglichen, in Ihrer ganz individuellen Situation zu einem ausgeglichenen Leben zu finden. Ganz sicher werden Sie dann neue Anregungen brauchen, wenn Sie innerlich wachsen und sich Ihr Leben verändert.

Vier Schritte für ein Leben im Gleichgewicht

1. Stellen Sie sich einen ausgeglichenen, gesunden Zustand vor Ihrem geistigen Auge vor. Sehen Sie, wie Sie die Verantwortung für sich übernehmen.

2. Suchen Sie nach den Ursachen für die Schieflage in Ihrem Leben. Machen Sie dabei nicht nur bei den äußeren Gründen halt, sondern wenden Sie sich auch nach innen.
3. Wenn Sie mit Ihrer Ursachenforschung weitergekommen sind, sollten Sie einen konkreten Handlungsplan entwerfen.
4. Setzen Sie den Plan in die Tat um. Denken Sie daran: Es gibt nichts Gutes, außer man tut es.

Ist es leicht, in einer schnellebigen und konkurrierenden Welt ein ausgeglichenes Leben zu führen?

Nein!

Ist es überhaupt möglich?

Ja!

Haben Sie denn die nötigen Kräfte, es durchzusetzen?

Ja!

Und warum zweifeln Sie noch?

Dies ist unser einziges Leben, und wir haben kein zweites. Das Leben zu leben und zu genießen muß der Weg an sich sein.

Wenn wir nicht innehalten und immer so weitermachen wie bisher, dann ist es vielleicht zu spät zur Umkehr. Dann stellen wir fest, daß wir diese Art zu leben so gar nicht gewollt haben und einfach hineingeschlittert sind. Deswegen ist es wichtig, jetzt umzudenken und Verantwortung zu übernehmen.

Wie Sie sich ein gesundes, ausgeglichenes Leben vorstellen

Kapitel 2

Was ein ausgewogenes Leben ist, und warum wir es so wichtig finden

> Es gibt mehr im Leben, als nur dessen Geschwindigkeit zu erhöhen.
>
> *Mahatma Gandhi*

Nach was streben wir in unserem Leben? Fast allen Managern und Führungskräften stellen wir in unseren Seminaren diese Frage zuerst. Und die Antworten der Teilnehmer beinhalten meist Begriffe wie Glück, Erfolg, Selbstfindung, Liebe, Geldverdienen, finanzielle Sicherheit und Selbsterfüllung.

Wenn dann die Frage nach dem „Warum“ folgt – also „Warum wollen Sie Glück, Erfolg usw.?“ –, dann bekamen wir meist zu hören: „Weil es mir damit gutgeht.“ Meist bitten wir die Teilnehmer dann aufzuschreiben, durch welche Dinge, Handlungen oder Begleiterscheinungen sie sich im letzten Jahr gut gefühlt hätten.

Und genau darum wollen wir jetzt auch Sie bitten. Schreiben Sie auf, was Ihnen im letzten Jahr ein gutes Gefühl gebracht hat. Bitte nehmen Sie diese kleine Übung ernst und blättern Sie nicht gleich weiter. Es ist wirklich wichtig!

Und nun vergleichen Sie Ihre Aufzeichnungen doch einmal mit den Antworten anderer Führungskräfte. (Unsere Anmerkungen zu diesen Antworten finden Sie dann später im Text.)

Cäcilia – Psychologin mit eigener Praxis

1. die Arbeit mit einer wachsenden Zahl an Kindern und Familien in meiner Praxis (A/S)
2. das Nähen von französischen Kleidern für meine Tochter (L)
3. einige gute Bücher gelesen zu haben (E)
4. einen lebendigen Gedankenaustausch mit meinem Mann über sein Studium zu haben (L/S)
5. alte und neue Freunde zu gewinnen (L)
6. aktiv in der Kirchengemeinde zu sein (S)

Hinrich – Leiter einer Spedition

1. zweimal wöchentlich Tennis zu spielen (E)
2. mit meiner Frau abends spazierenzugehen (L)
3. meiner Tochter beim Ballspielen zuzusehen (L)
4. wenn mein Sohn gute Zeugnisse nach Hause bringt (L)
5. am Sonntag mit dem Verein etwas zu unternehmen (S)
6. bei der Arbeit mehr Verantwortung zu übernehmen (A)

David – Produktionsleiter

1. die Qualitätssicherung meiner Arbeit erhöht zu haben (A)
2. unser Budget um fast 50 000 Mark gesenkt zu haben (A)
3. eine Alpenrundtour nur zur Erholung gemacht zu haben (E)
4. mit meiner Familie das schönste Weihnachten seit Jahren verbracht zu haben (L)
5. nach zwei Jahren meine Schwester wiedergesehen zu haben (L)
6. mich mehr für die Organspende eingesetzt zu haben (S)

Susanne – leitende Universitätsangestellte

1. nach einer wichtigen und aufreibenden Projektarbeit die Anerkennung der Mitarbeiter bekommen zu haben (A)
2. Zuneigung und Unterstützung seitens der Freunde und der Familie (L)
3. eine innere Stärke zu verspüren, die mich auch schwierige Situationen durchstehen läßt (S)
4. an Gott zu glauben (S)
5. mein neues, aber renovierungsbedürftiges Heim aufgemöbelt zu haben (L)

Ron – Rechtsanwalt

1. einen komplizierten Fall gelöst zu haben (A)
2. mit meiner Frau und meinen Töchtern gut auszukommen (L)
3. meinen Kindern bei den Schularbeiten zu helfen (L)
4. mit den Mitgliedern der Kirchengemeinde gute Beziehungen zu pflegen (L)
5. immer etwas Geld für Reisen zurückzulegen (E)
6. geistlicher Musik zuzuhören (S)

Deborah – Hotelmanagerin

1. ein Ausflug mit meiner Familie an den See (L/E)
2. bei der Arbeit meine eigenen Zielvorgaben verwirklicht zu haben (A)
3. durch einige geglückte Aktionen im Hotel zufriedene Kunden gewonnen zu haben (A)
4. im Juni mit einem Aerobickurs angefangen und durchgehalten zu haben (E)
5. abgenommen zu haben und besser auszusehen (E/S)
6. ohne einen Nervenzusammenbruch ein weiteres Weihnachten sowohl im Geschäft als auch zu Hause durchgestanden zu haben (S)

Bernhard – Telefonmarketingleiter

1. gute Freunde gefunden zu haben; einige Freundschaften wurden intensiver, weil ich ihnen geholfen habe – und sie mir (L)
2. einige wichtige Projekte bei der Arbeit erfolgreich abgeschlossen zu haben (A)
3. aufgrund guter Beurteilungen eine Gehaltsaufbesserung und eine zusätzliche Gratifikation erhalten zu haben (A)
4. eine gute Beziehung zu meiner Freundin zu haben (L)
5. Saxophon zu spielen und bei mehreren Konzerten mitgewirkt zu haben (E)
6. eine wachsende Annäherung an Gott zu verspüren (S)

Jonathan – Sicherheitsbeauftragter

1. einen Sicherheitsplan für einen Flughafen entwickelt zu haben (A)
2. meiner Tochter bei ihrem Schulabschluß geholfen zu haben (L)
3. mich in meiner Firma sozial engagiert zu haben (A)
4. daß ich fähig war, mich wieder für Freizeitaktivitäten zu begeistern (E)
5. die finanziellen Vorgaben der Firma verwirklicht zu haben (A)

Warum haben diese Führungskräfte so geantwortet? Warum haben Sie so geantwortet?

Die Menschen fühlen sich gut, wenn ein Bedürfnis zufriedengestellt wird. Wenn wir durstig sind, ist frisches Wasser eine Wohltat – ein körperliches Verlangen wird damit befriedigt. Für psychische Bedürfnisse gilt das gleiche.

Alle Antworten zeigen, wie mehrdimensional unsere Psyche ist. Um unsere psychischen Bedürfnisse zufriedenzustellen, sind sehr unterschiedliche Dinge oder Erfahrungen notwendig. Dabei ist es kein Zufall, daß sich bei den Antworten der Teilnehmer die folgenden Bedürfnisse fanden: Anerkennung (A), Liebe/Zugehörigkeitsgefühl (L), Selbstwertgefühl (S) und Entspannung (E).

In der Wertung dieser Bedürfnisse allerdings unterschieden sich die Teilnehmer deutlich voneinander, und zwar hinsichtlich ihres Alters, ihrer Berufe und ihrer Lebensumstände. Offensichtlich fühlen sich die Menschen erst erfüllt, wenn wesentliche menschliche Bedürfnisse zufriedengestellt sind.

Bedürfnisse	**Quellen der Zufriedenheit**	**Besondere Belohnungen**
Wahrnehmung: „Ich möchte jemand sein“	Anerkennung (Beruf und Karriere)	Macht, sozialer Status, Anerkennung, Führungskraft, Geld
Liebe, sich zugehörig fühlen: „Ich möchte wichtig für jemanden sein“	Liebe/Zugehörigkeitsgefühl/ Familie/Gruppe/ Partner	gegenseitige Unterstützung, Zuneigung, Sexualität und Sensitivität, Gruppenzugehörigkeit, Teilen von Erfahrungen, gegenseitiger Austausch
Identität, Selbstrespekt: „Ich möchte vor mir selbst jemand sein“	Selbstwertgefühl	mit seiner emotionalen, geistigen, spirituellen und körperlichen Umgebung in Austausch stehen, selbstgesetzte Ziele auch erreichen, im Leben ein Gefühl von Sinn und innerem Zusammenhang sehen

Bedürfnisse	Quellen der Zufriedenheit	Besondere Belohnungen
Körperliche Entspannung: „Ich möchte von dem Druck, jemand zu werden, auch mal Pause machen“	Entspannung	reine „Nur-aus-Lust-und-Laune“-Handlungen, die eigenen Batterien wieder aufladen

Wir müssen – und das führen uns diese Antworten vor Augen – unsere Lebenserfahrungen einer genauen Betrachtung unterziehen, um selbst herauszufinden, was zur Erfüllung und zum Glück beiträgt oder was Konflikte heraufbeschwört und uns in Streß versetzt. Und dabei sollten wir weder blindlings irgendwelchen simplen schriftlichen Ratgebern folgen noch der Weisheit von Psychologen vertrauen, denn unser Ausgangsmaterial sind unsere Lebenserfahrungen. Wir brauchen Zeit zum Nachdenken und zur Innenschau.

Wir finden es überaus interessant, daß zwischen unseren Beobachtungen und den Theorien großer Psychologen wie Abraham Maslow, Carl Rogers oder William Glasser eine ziemliche Übereinstimmung besteht. Diese Wissenschaftler haben ihre Studien vor allem an gesunden Individuen vorgenommen, um zu ermitteln, wie man „normalen“ Menschen helfen kann, besser zu funktionieren.

Physiologische Bedürfnisse

Der Psychologe Abraham Maslow untersuchte gesunde Individuen, um nachzuweisen, daß sie anderen zeigen könnten, wie ein höheres Niveau menschlicher Bewußtheit zu erreichen sei.

Maslow beschrieb fünf grundlegende Bedürfnisse, die menschliches Handeln motivieren. Dies sind: physiologische Bedürfnisse, Sicherheit, Geborgenheit und Liebe, Geltung sowie Selbstverwirklichung. Diese Grundbedürfnisse entwickeln sich in einer festen Reihenfolge. Erst wenn das vorausgehende Motiv befriedigt wurde, kann sich das nächsthöhere Motiv ausbilden.

Die biologisch-physiologischen Bedürfnisse müssen zuerst gestillt werden: Hunger, Durst, Atmung und Sicherheit. Bei Maslow sind Freizeit, körperliche Bewegung und Entspannung zwar nicht vorgesehen, aber es gibt keinen Zweifel, daß auch körperliches Wohlbefinden zu den wichtigen menschlichen Grundbedürfnissen zählt.

In unserer modernen Gesellschaft werden die körperlichen Bedürfnisse und die Entspannung häufig in die hinterste Ecke verbannt. Und oft müssen dann erst ein Herzinfarkt oder ein Magengeschwür darauf hinweisen, wie wichtig die Zeit für Bewegung und Entspannung eigentlich ist.

Wer auf seine Ernährung, ausreichende Bewegung, auf Ruhe und Entspannung achtet, wird es leichter haben, seine Bedürfnisse nach Geltung, Geborgenheit und Identität wirksam zu entfalten.

Das Bedürfnis nach Liebe und Geborgenheit

Der Psychologe William Glasser hat gesunde Individuen mit anderen verglichen. Sein Fazit: Gesunde sind mit einer „Erfolgsidentität“ ausgestattet, während andere eine „Mißerfolgsidentität“ haben. In der Beziehung zu anderen Menschen wird diese Identität jeweils ausgeprägt, je nachdem, welche Rückmeldungen das Individuum bekommt.

Zentrales Motiv jedes zwischenmenschlichen Austauschs ist der Wunsch, zu lieben und geliebt zu werden: „Ich bin für den anderen wichtig“. Vor allem Manager, Lehrer, Betreuer und Eltern, die erfolgreich andere motivieren, haben diese Regel praktisch verinnerlicht. Für die Entwicklung von sozialer Anerkennung und Geltung ist die Vorstellung einer „Erfolgsidentität“ gleichfalls von größter Wichtigkeit.

Das Bedürfnis nach Anerkennung und Geltung
Diesen Bedürfnissen liegt der Wunsch zugrunde, von anderen respektiert und geachtet zu werden. Geschätzt zu werden für das, was man ist, dafür verwendete der Psychologe Carl Rogers den Ausdruck „nicht an Bedingungen geknüpfte positive Anerkennung". Diese Wertschätzung der eigenen Person bezieht sich eben auf das, was man ist – und nicht auf das, was man in den Augen der anderen darstellen sollte. Sie meint das Sein und nicht das Handeln, und sie betont die Wahrnehmung der eigenen Stärken statt der Schwächen.

Wer seine Talente und Fähigkeiten sowie die in ihm schlummernden Potentiale entwickeln will, ist auf solche Erfahrungen angewiesen – und das gilt für Menschen aller Altersstufen. Erfolgreiche Manager und Führungskräfte nutzen diese Fertigkeit, um die Stärken ihrer Angestellten zu fördern und sie nicht für ihre Schwächen zu bestrafen.

Wer von anderen Anerkennung und Respekt erfährt, verfügt über eine Grundlage von Selbstachtung und Selbstvertrauen, auf der sich dann die höchste Stufe des Bewußtseins, die Selbstverwirklichung, entfalten kann.

Selbstverwirklichung
Carl Rogers glaubte an das Bedürfnis nach psychischer Reifung, das er tief in der menschlichen Natur verwurzelt sah. Für dieses persönliche Wachstum stehen Fragen wie „Wie kann ich zu dem werden, wonach ich mich so sehne?" oder „Wie kann ich hinter meine Fassade schauen und ich selbst werden?"

Maslow erachtet die Selbstverwirklichung als das höchste Entwicklungsmotiv, sie beinhaltet den Wunsch des Menschen, seine Potentiale auf den verschiedensten Gebieten des persönlichen und sozialen Lebens zu entfalten. Aber auch die Arbeit, der eigene Körper und die Spiritualität werden von diesem zentralen Motiv erfaßt.

Sich selbst zu verwirklichen ist mehr, als nur ein persönliches oder finanzielles Ziel zu erreichen. Es ist die Erfahrung, Fähigkeiten und Fertigkeiten auf einzigartige und wunderbare Weise miteinander kombinieren zu können. Es ist das Gefühl, einen wichtigen Beitrag zu etwas Besonderem zu leisten, und es ist die Gewißheit, daß das eigene Leben in einem sinnvollen Zusammenhang zu etwas Höherem steht.

Ein wichtiger Teil der Selbstverwirklichung ist die spirituelle Entwicklung. Obwohl der Begriff „spirituell" von den meisten Menschen in einem religiösen Zusammenhang gebraucht wird, bezieht er sich doch auf eine ganz allgemeine menschliche Erfahrung und findet daher auch sehr unterschiedliche Verwendung.

Der Ausdruck „spirituell" ist von Jean Grasso Fitzpatrick definiert worden als unser „Bewußtsein, mit allem Lebenden in einer heiligen Beziehung zu stehen". Fitzpatrick meinte weiter, eine spirituelle Kultur sei „die Gelegenheit, mit unseren Kindern etwas Dauerhaftes zu teilen, das über die Hoffnung auf Erfolg oder sogar Glück hinausweist". Um solch eine spirituelle Kultur zu entwickeln, müssen wir ihr aber auch die Zeit lassen, sie in uns selbst wachsen zu lassen. Dann werden wir dieses „Dauerhafte" mit unseren Kindern teilen oder Menschen, für die wir verantwortlich sind, daran teilhaben lassen.

Die meisten Zweijährigen wissen ganz von allein, wie sie Aufmerksamkeit erlangen. Wenn Sie etwas zu einem abgelenkten Erwachsenen sagen wollen, dann nehmen Sie einfach sein Gesicht zwischen Ihre Hände und drehen den Kopf zu Ihrem Gesicht hin. Eine solche Geste erbringt meist die ungeteilte Aufmerksamkeit. Und fünf Minuten solch intensiver Zuwendung sind besser als Stunden halbherziger Aufmerksamkeit, egal, ob wir sie nun uns oder anderen zukommen lassen.

Der Theologe Frederick Buechner hat das mit einem Satz zusammengefaßt: *Achten Sie auf Ihr Leben.*

Wenn wir das beherzigen, dann müssen wir nicht auch noch gleichzeitig auf viele andere Dinge achtgeben. Daher sollten Sie Ihren Geist jeden Tag für einige Momente sammeln, beispielsweise in Form einer Meditationsübung – egal, ob diese nur zehn Minuten oder eine Stunde in Anspruch nimmt. Für Ihre lebenslange spirituelle Entwicklung sowie für Ihre Selbstverwirklichung ist dies ein guter Beginn.

Das Modell für ein Leben im Gleichgewicht

In diesem Modell sind die wichtigsten psychologischen Konzepte zusammengefaßt: die menschlichen Bedürfnisse als elementare Motive, die inneren Beweggründe für eine psychische Reifung sowie die Identität als Ausgangspunkt psychischer Gesundheit und persönlichen Erfolgs.

Unsere Erfahrungen in Management- und Führungskräfteseminaren haben wir mit diesen psychologischen Vorstellungen verwoben und daraus das nachstehende mehrdimensionale Modell entwickelt, das sich auch graphisch darstellen läßt.

Diesem Modell liegen acht Schlüsselsätze zugrunde, die wir in den folgenden Fallberichten genauer untersuchen wollen. Daran läßt sich auch veranschaulichen, was das Modell im Leben leistet.

1. *Das Selbst ist keine Aneinanderreihung einzelner Teile. Es ist ein Ganzes.*

Erinnern Sie sich noch an Bills Geschichte? Er war seiner Firma zwei Jahre zuvor als Planungsleiter beigetreten, machte seine Sache gut und war stets ein beliebter Vorgesetzter. In letzter Zeit jedoch hatte er immer öfter das Management kritisiert und wirkte selbst ziemlich negativ. Ein

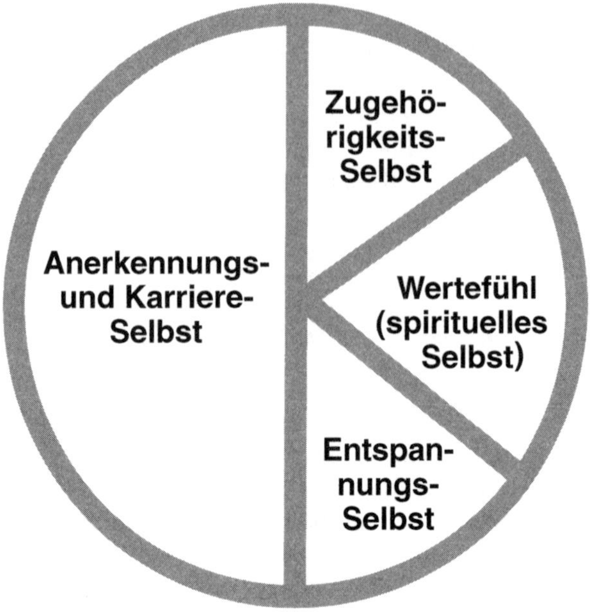

Mitarbeiter bemerkte die Veränderungen und sprach Bill darauf an.

Mitarbeiter: Kann ich Ihnen bei irgend etwas helfen? Sie sind seit kurzem nicht mehr der positive Mensch, den ich kenne.

Bill: Da haben Sie recht. Als ich vor zwei Jahren hier angefangen habe, wurde mit zugesichert, ich könne direkt an den stellvertretenden Geschäftsführer berichten. Er ist der Vorgesetzte von meinem Chef. Als ich das aber verlangte, hieß es, solch ein Zugeständnis hätte man mir nie gemacht.

Mitarbeiter: Das nimmt Sie sicher ziemlich mit. Vielleicht sollten Sie überlegen, die Arbeitsstelle zu wechseln, wenn diese Frage, welchem Vorgesetzten gegenüber Sie verantwortlich sind, so wichtig für Sie ist. Allerdings würde das sicher bedeuten, umzuziehen.

Bill: Das möchte ich aber nicht. Ich mag meine Nachbarn und auch die Kirchengemeinde, zu der wir gehören. Wir leben zudem nur eine Stunde von meinen Eltern und den Eltern meiner Frau entfernt. Außerdem betreue ich das Fußballteam meines Sohnes und kann Golf spielen, ohne dafür ein Vermögen hinblättern zu müssen. Und auch die Mitarbeiter und Praktikanten in meiner Abteilung finde ich sehr sympathisch.

Mitarbeiter: Dann ist das einzige, was Sie in Ihrem Leben stört, nur der Adressat Ihres Berichtswesens. Um das zu ändern, müßten Sie alle anderen Dinge, die Sie schätzen, aufgeben.

Bill: Ja, aber aus dieser Perspektive habe ich meine Situation noch nie betrachtet.

Mitarbeiter (etwas später): Bill hat über diese ganzheitliche Sicht seines Problems nachgedacht. Und er hat sich verändert, zu seinem positiven Führungsstil zurückgefunden.

Diskussion: Gerade bei solchen Karriereentscheidungen besteht die Tendenz, das berufliche Fortkommen von allen anderen Bereichen des Lebens abzukoppeln. Aber um ein ganzheitlich erfülltes Leben zu führen, sind solche Entscheidungen sicher nicht die besten. Sie können sogar der Karriere selbst Schaden zufügen.

Überlegung: Nehmen Sie sich etwas Zeit, um einen Blick auf Ihr Leben zu werfen – den ganzen Lebensentwurf. Schreiben Sie auf, was genau Sie in den vier Bereichen Anerkennung, Liebe, Selbstwertgefühl und Entspannung zufriedenstellt.

2. Einen Anteil des Selbst auszudehnen kann einen fehlenden Teil nicht ersetzen.

Endlich wurde Mark die Position zugesprochen, für die er so hart gearbeitet hatte: die Beförderung zum stellvertretenden Verkaufsleiter. Noch in derselben Woche reichte seine Frau die Scheidung ein.

Mark war niedergeschmettert. Gegenüber seinen Freunden meinte er: „Ich wollte doch nur noch diese eine Chance haben, um zu beweisen, was für ein guter Ehemann und

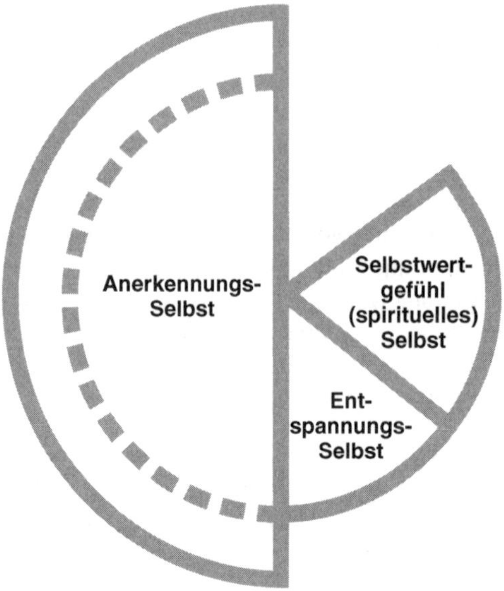

Vater ich sein kann. Ich werde die Arbeitsstelle wechseln und in eine andere Stadt ziehen."

Diskussion: Mark hatte es so weit kommen lassen, daß er mit der Arbeit verheiratet war und für seine Frau überhaupt keine Zeit mehr aufbrachte. Seine beruflichen Fortschritte stellen das Anerkennungs-Selbst zufrieden und lassen es anwachsen, aber der Selbstanteil an der Liebe und Zugehörigkeit verkümmert dagegen. Erst das Verhalten seiner Frau machte Mark auf diesen Umstand aufmerksam.

Überlegung: Werfen Sie doch mal einen Blick in Ihren Terminkalender und stellen Sie fest, wieviel Zeit wichtige Menschen und Beziehungen in Ihrem Leben einnehmen.

3. *Vier Komponenten gibt es, die sich zu einem ausgeglichenen Leben ergänzen. Welchen Spielraum jeder dieser Komponenten hat*

und aus welchen Quellen er sich speist, ist eine ausschließlich persönliche Entscheidung.

Etwa einen Monat nach einem unserer Seminare rief uns Jane an, um uns voller Freude mitzuteilen, daß sie für eine Beförderung vorgeschlagen worden sei.

In ihre Überlegungen, ob sie die Beförderung annehmen oder ablehnen sollte, bezog Jane unser Modell für ein Leben im Gleichgewicht mit ein. Sie kam zu dem Schluß, daß es besser sei, einstweilen ohne den zusätzlichen Druck zu leben, denn die neue Tätigkeit wäre mit sehr vielen Reisen verbunden gewesen. Aber Jane wollte nicht länger von zu Hause abwesend sein als nötig, denn sie hatte zwei Töchter, die beide kurz vor der Pubertät standen. Dank ihres glücklichen und zufriedenen Lebens war sie in der Lage, das Angebot diesmal abzulehnen, obwohl alle in ihrer Abteilung sie drängten, doch darauf einzugehen.

Diskussion: Die hier aufgestellte Falle waren die Kollegen, die versuchten, über Janes Bedürfnisse und ihre Zufriedenheit zu bestimmen. In diese Falle ist sie nicht getreten. Für sie war die Beförderung zu diesem Zeitpunkt in ihrem Leben nicht akzeptabel, auch wenn es der einen oder anderen Kollegin sicher sehr zupaß gekommen wäre. Welche Auswirkungen der Erfolg in einem Bereich ihres Lebens auf alle anderen Anteile hätte, das konnte Jane mit Hilfe unseres Modells für ein ausgeglichenes Leben herausfinden. Dabei wird sie nicht nur als Mensch glücklicher sein, sondern sie wird mit einem Leben im Gleichgewicht auch bessere Arbeit leisten.

Überlegung: Vor welcher Entscheidung stehen Sie? Wie wird diese Entscheidung Ihr ganzes Leben (Anerkennung, Liebe, Selbstwertgefühl, Entspannung) beeinflussen?

4. Jeder Anteil des Selbst hat seine eigenen Freuden und Enttäuschungen.

Als der Arzt bei Anne einen Tennisellenbogen diagnostizierte und ihr für eine Weile das Spielen verbot, war sie völlig niedergeschmettert. Es war, als ob man ihr mitgeteilt hätte, daß sie nur noch wenige Monate zu leben habe. Sie sah aus, als ob sie ihren besten Freund verloren hätte.

Seit etlichen Jahren war Ann mit ihrer Arbeit unzufrieden, weil sie ihr zuwenig Anregung bot. Außerdem wurde sie zu Hause von den beiden mittlerweile großen Kindern kaum mehr gebraucht. Um Anerkennung und Erfolg zu erringen, konzentrierte sie sich also auf das Tennisspiel, das so zu ihrem größten Vergnügen wurde. Sie widmete sich ganz dem Spiel und machte auch gute Fortschritte.

Tatsächlich wurde ihr das Spiel so wichtig, daß sie andere Bereiche ihres Lebens vernachlässigte. Für die Spiele am Wochenende lebte sie, und ihre Laune während der Woche resultierte aus Siegen oder Niederlagen. Ihr ganzes Selbstwertgefühl bezog sie nur noch aus dem Ausgang der Spiele.

Als die psychiatrische Klinik in finanzielle Schwierigkeiten geriet und Angestellte entlassen mußte, brach für den 28jährigen Dan eine Welt zusammen. Seine Anerkennung, Freizeit, seine Freundschaften und sogar sein Selbstwertgefühl bezog Dan aus der Arbeit. Außerhalb seines Jobs hatte er nur wenige Interessen, und die auch meisten privaten Kontakte teilte er mit Kollegen. Durch die Entlassungen wurde nicht nur seine Arbeitsstelle gefährdet, sondern auch seine sehr losen sozialen Kontakte. Auf dem Spiel stand also mehr als nur seine Karriere, und so sah Dan sein ganzes Leben am seidenen Faden der Klinikverwaltung hängen.

Diskussion: Jede Herausforderung bringt dem Anerkennungs-Selbst sowohl Freude und Erfüllung als auch Enttäuschungen. Das gilt auch für die Freizeit, die sowohl Entspannung als auch Frustration bringen kann. Kein Selbstanteil kann also gleichzeitig die vielen Freuden des Lebens zufriedenstellen. Das gilt es zu verstehen: Setzen Sie nicht nur auf ein Pferd und stecken all Ihre Zeit und Energie nur in ein Teil-Selbst.

Überlegung: Schließen Sie Ihre Augen und stellen Sie sich vor, wie es wäre, wenn Sie nur Ihren Beruf und Ihre Karriere hätten, um all Ihre Bedürfnisse zufriedenzustellen. Was wäre Ihr Leben ohne Freizeit, ohne Freunde oder Erfahrungen, die das Selbstwertgefühl stärken?

5. *Erfolg oder Mißerfolg in einem Selbstanteil können sich auf die anderen Komponenten auswirken.*

Eine richtig satte Beförderung – Roger konnte es noch kaum fassen. Sofort rief er seine Frau und seine besten Freunde an und lud zu einer großen Feier ein. Die Freude über seinen beruflichen Erfolg mit anderen zu teilen machte es noch schöner. Wie trostlos wäre es gewesen, hätte Roger niemandem die gute Nachricht mitteilen können.

Diskussion: Die Forschungen der letzten Jahre haben eindeutig belegt, daß Personen, die ein Netz unterstützender sozialer Beziehungen unterhalten, eher in der Lage sind, den schnellebigen und stressigen Lebensstil unserer Tage auszuhalten. Die vielen Kursangebote der Volkshochschulen und Krankenkassen im Gesundheitswesen spiegeln nicht nur ein wachsendes Gesundheitsbewußtsein wider, sondern es steht auch die Einsicht dahinter, daß gesunde Angestellte mehr leisten können und durch die Prävention die Kosten der Kassen sinken. Gesundheit und ein soziales Netz haben sowohl eine ökonomische als auch eine persönliche Bedeutung.

Unser Modell für ein Leben im Gleichgewicht ist aus zwei Teilen zusammengesetzt: der Anerkennung/Karriere (A/K) und persönlichen Bereichen (L, S, E). Dabei gibt es zwischen diesen persönlichen Bereichen und der Anerkennung keine Spannungen, sondern die persönlichen Anteile unterstützen Beruf und Karriere. Alle vier Selbstanteile bilden eine Einheit und stützen sich gegenseitig.

Überlegung: Ist es Ihnen auch schon mal so ergangen? Da haben Sie eine gute Nachricht und wollen sie einem Freund telefonisch mitteilen – doch dessen Anschluß ist besetzt. Welche Enttäuschung! Sie zeigt Ihnen aber auch, wie wichtig jeder Bereich unseres Modells ist. Wer Freunde oder eine Familie hat, mit denen er teilen kann, dem wird nicht nur der Erfolg versüßt werden, sondern auch der Mißerfolg erträglicher sein.

6. *Der Selbstanteil mit der geringsten Zufriedenheitsschwelle bestimmt darüber, wieviel wir für unser persönliches Glück brauchen.*

Zusammen mit zwei Freunden widmete sich Georg einem schmackhaften mexikanischen Menü in einem kleinen, gemütlichen Restaurant in der Altstadt. Auf einer wichtigen Konferenz hatte er gerade erfolgreich eine Präsentation hinter sich gebracht.

Gleichwohl fragte Georg sich: „Jetzt sitze ich hier in der Gesellschaft von Freunden, habe gerade unser Produkt gut präsentiert und genieße ein wunderbares Mahl. Warum bin ich trotzdem unzufrieden?"

Georg ging diesen Gedanken nach und stellte fest, daß er mit seiner Arbeit nicht besonders glücklich war. Und dies hielt ihn auch davon ab, den Augenblick voll und ganz zu genießen.

Diskussion: Ein Mensch kann sowohl bei der Arbeit als auch in seiner Freizeit sehr glücklich sein. Wer allerdings im persönlichen Lebensbereich unzufrieden ist, wird in allen anderen Bereichen ebenfalls eine eher negative Haltung an den Tag legen. Das gilt auch für Unzufriedenheit mit dem Beruf oder in der Freizeit. Ist wie bei Georg das Anerkennungs-Selbst nicht im Gleichgewicht, dann mag die Person zwar ihr Selbstwertgefühl, ihre Freizeit und ihre Liebe entfalten – aber unzufrieden wird sie sich dennoch fühlen.

Überlegung: Leben Sie im Hier und Jetzt. Welche Belohnungen ziehen Sie aus Ihrem Beruf, Ihren Beziehungen, Ihrer Selbstverwirklichung, Ihrer Freizeit?

7. *Alle Selbst-Anteile müssen von Zeit zu Zeit auseinandergenommen und neu zusammengesetzt werden.*

Katharina, eine Anwältin in einer großen Kanzlei, wundert sich: „Weder meine Freunde noch ich verstehen das. Vor zwei Jahren war ich noch eine begeisterte Partygängerin. Ich ging abends aus und war bis in die frühen Morgenstunden unterwegs, und trotzdem hat meine berufliche Tätigkeit nicht ein bißchen darunter gelitten. Meine Clique und meine Arbeit sind mir immer noch wichtig, aber heute verkrieche ich mich am liebsten mit einem Buch in die Ecke und treffe mich nur noch gelegentlich mit besonders guten Freunden. Stimmt irgend etwas nicht mit mir?“

Diskussion: Innerhalb der vier Bereiche unseres Modells werden sich sowohl die verbrachte Zeit als auch die eingesetzte Energie verschieben. Das mag mit dem Alter zusammenhängen, kann aber auch auf veränderten Lebensumständen beruhen oder allgemeinen Veränderungen der Umwelt. Der berühmte Psychologe Erik H. Erikson entdeckte bei Erwachsenen ähnliche Entwicklungsstadien wie bei Kindern. Und die Romanautorin Gail Sheely hat diese Erfahrungen in ihrem Werk „Passages“ populär gemacht. Den Trend zum Rückzug ins eigene Heim (cocooning) hat Faith Popcorn in ihrem „Popcorn-Report“ beschrieben. Diese Tendenz hat Auswirkungen auf die Art, wie die Menschen leben, und darauf, welche Produkte sie kaufen.

Unsere Bedürfnisse verändern sich mit unserem inneren Wachstum. Wenn wir älter werden, bekommen Selbstverwirklichung und spirituelle Entwicklung einen zunehmenden Stellenwert. Zu Beginn einer beruflichen Karriere ist dies nicht so. In unserer Jugend ist das Bedürfnis nach Beziehungen von extremer Bedeutung, aber je älter wir werden, desto mehr tritt der Wunsch nach Leistung und später nach Zugehörigkeit und Unterstützung in den Vordergrund. Dabei steht jeder vor der Aufgabe, in diesem lebenslangen Prozeß immer wieder ein neues Gleichgewicht auszutarieren.

Nichts ist von Dauer, so lautet die Botschaft dieses entwicklungsbedingten Wandels. Wir werden die Herausforderungen des Lebens mit der richtigen „Ausrüstung“ meistern. Die einzelnen Puzzleteile unseres Lebens passen eben nicht nur auf eine bestimmte Art und Weise zusammen. Daß es einem im Alter von 20 Jahren gutgeht, bedeutet nicht, daß dies auch mit 30 noch der Fall sein muß. Und was im Jahr 1980 vom Streß entlastete, mag 1990 zusätzliche Belastungen bedeuten.

Überlegung: Vergleichen Sie – was hat in Ihrem Leben vor zehn Jahren Bedeutung gehabt und was hat es heute? Wo liegen die Unterschiede? Sie und die Welt, in der Sie leben, haben sich eben in den letzten zehn Jahren verändert, und deswegen haben sich auch Ihre Interessen verlagert.

8. *Jeder Selbst-Anteil hat wiederum Anteile von anderen. Aber er kann andere nicht vollständig ersetzen. Jeder Selbst-Anteil strebt nach eigener Erfüllung.*

Bill ist ein erfolgreicher Geschäftsmann, der nach einem langen Arbeitstag spät heimkommt, zu Abend ißt, nur um sich dann mit seinem Laptop zurückzuziehen. Neulich bekannte er: „Ich liebe meine Arbeit. Sie bringt mir Zufriedenheit und Freude. Aber mein Arzt hat mir vergangene Woche geraten, doch etwas Sport zu treiben. Dafür habe ich keine Zeit. Auch meine Frau möchte, daß ich mehr Zeit mit ihr verbringe."

Diskussion: Sowohl die Gesellschaft als auch die Arbeitswelt ermöglichen es heute den Menschen, ihren Wert einzig und allein in ihrer Karriere oder in materiellen Erfolgen zu bestimmen. Aber nicht allen winkt eine berufliche Karriere, und so macht uns eine solch enggefaßte Definition besonders anfällig für Enttäuschungen und Versagen. Die vielen Überstunden können kein Ersatz für die Entspannung während der Freizeit sein. Und auch die Beziehungen zu den Kollegen vermögen die Freude, die aus innigeren familiären und freundschaftlichen Banden wächst, nicht zu ersetzen.

Zusammenfassung
Was ist ein Leben im Gleichgewicht, und warum ist es so wichtig? Diese Frage haben wir zu Beginn des Kapitels gestellt. Unserem Modell legen wir zugrunde, daß der Mensch innerlich wächst und motiviert ist. Solch ein Leben im Gleichgewicht läßt sich als ein stabiler, gesunder Zustand vor das geistige Auge rufen. Dabei nutzt der Mensch all seine Fähigkeiten, trägt Verantwortung für sein erfülltes Leben, das er zu feiern versteht.

Jeder sucht auf seine Weise nach dem Glück. Beruflicher Erfolg ist ohne Zweifel solch ein Glücksbringer. Das Streben nach Erfolg an sich ist gut, ohne bewußte Zielsetzung jedoch selbstzerstörerisch. Wer sich nie mit seinem Erfolg zufrieden gibt und immer noch mehr will, wird in Schwierigkeiten geraten – wenn er nicht schon mittendrin steckt.

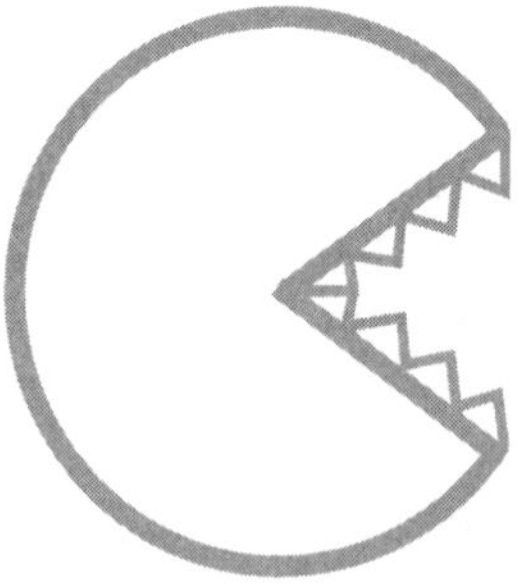

Einige wichtige Fragen, die Sie sich stellen sollten

- Nach wessen Glück streben Sie eigentlich? Stammen die Definitionen von Erfolg, Wert und Identität von Ihnen – oder von anderen?
- Gestatten Sie Ihrem Chef, den Freunden, der Familie oder den Medien, Ihr Leben zu bestimmen, oder sind Sie mit Ihrer eigenen „Erfolgsidentität“ ausgestattet?

- Spiegelt Ihr Terminkalender Ihr eigenes Leben wider oder scheint er jemand anderem zu gehören?

Unsere Vorstellungen und Ziele müssen von Zeit zu Zeit im Lichte unserer Lebenserfahrungen überprüft und nötigenfalls gegen passendere ausgetauscht werden. Dabei steht auch unser inneres Maß von Erfolg auf dem Prüfstand: Ist es wirklich unseres oder hat man es uns nur angedreht?

Ohne innerlichen Frieden gibt es, wie wir aus unseren Lebenserfahrungen wissen, kein Glück. Wenn unser ausgeglichenes Selbst wirksam wird, dann werden wir auch glücklich sein. Das Glück wird uns also nicht irgendwie von außen herangetragen, sondern wir erfahren es durch die innere Umstellung. Deswegen gelingt es nachdenklichen Menschen leichter, inneren Frieden zu erlangen.

Mit sich selbst in Frieden leben bedeutet, zu allen Ebenen des Selbst Verbindung aufgenommen zu haben: zu den sich verändernden Bedürfnissen, den Erfüllungen, den getroffenen Entscheidungen und dem wichtigen Gleichgewicht dazwischen.

Unser Leben wird sich verändern, wenn wir unsere Vorstellung von Erfolg weiter fassen und unser Leben als Ganzes begreifen. Wir werden dann Geld, Zeit und Energie besser als bisher auf die vier Bereiche des Modells verteilen.

Welch eine Befreiung wird es sein, wenn wir feststellen: Das kleinere Haus bringt mehr Erfüllung als das große Haus, wenn die Beziehungen im Haus dafür an Tiefe gewinnen. Und es wird uns befreien zu erfahren, daß ein Lebensstil, der unser Leben erfüllt, uns Zeit läßt für Freizeit und Selbstverwirklichung. Sie werden sehen: Wenn Sie tun, woran Sie Spaß haben, und sich damit erfüllt fühlen, kann das ebensoviel wert sein wie eine Beförderung.

Zu einer Ganzheit werden wir nur, wenn wir Anerkennung, Liebe, Selbstwertgefühl und Entspannung miteinander in Einklang bringen.

Kapitel 3

VON INNEN NACH AUSSEN

Äußere und innere Gründe, warum wir im Ungleichgewicht leben

> Nur wenn wir den Weg kennen, der uns zur Gegenwart geführt hat, können wir auch unsere Zukunft klar und deutlich vor uns sehen.
>
> *Adlai Stevenson*

Die Anforderungen durch den Beruf sind Teil der Wirklichkeit. Aber selten sind sie so uneingeschränkt, wie es den Anschein hat. Wieviel Zeit ein Mensch seiner Arbeit widmen will, wird er sicher nach reiflicher Überlegung entscheiden.

Sie lesen richtig: Diese Entscheidung liegt bei ihnen. Natürlich können eine bestimmte berufliche Tätigkeit oder ein Arbeitgeber diese Wahlmöglichkeiten einschränken, aber am Ende bleibt es der Arbeitnehmer, der seine Entscheidung trifft. So mag man Ihnen zwar sagen, die anstehende Beförderung setze einen 16-Stunden-Arbeitstag voraus, aber ob die Beförderung Ihnen das wert ist, darüber befinden nur Sie allein.

In diesem Kapitel wollen wir Ihnen äußere und innere Gründe vorstellen, die unser Leben ins Ungleichgewicht geraten lassen. Äußere Anforderungen durch die Arbeit oder die Umwelt wirken sich – und das ist wichtig – gleichermaßen prägend auf die Wahl und auf die Ergebnisse unserer Entscheidungen aus.

Aber die Art und Weise, wie wir auf von außen kommende Zwänge reagieren, wird auch stark von unseren Vorstellungen und unserem Denken beeinflußt. Sogar die Wahrnehmung dessen, was getan werden muß, ist eine Konstruktion unseres Gehirns. Erst wenn wir innere und äußere Gründe für unser Ungleichgewicht im Leben erkannt haben, halten wir den Schlüssel zu einem besseren Leben in der Hand.

Äußere Gründe für ein Leben im Ungleichgewicht

Gibt es materielle, physische oder emotionale Anforderungen von außen, so können dies Gründe für einen unausgewogenen Lebensstil sein.

1. Die Arbeit fordert von uns einen 16-Stunden-Tag.
2. Zwei Karrieremenschen oder ein alleinerziehender Elternteil haben das Gefühl, der Tag habe nicht genügend Stunden.
3. Die Hausarbeiten werden nicht geteilt – Resultat starrer Rollenerwartungen.
4. Die Familie, die Gesellschaft und die Medien verlangen den Erfolg.
5. Es fehlt die nötige Übung, um zu delegieren, Schwerpunkte zu setzen oder ein Zeitmanagement durchzuführen.
6. Es mangelt an Übung, um richtige Entscheidungen vor dem Hintergrund unseres Modells eines ausgeglichenen Lebens zu treffen.

1. Die Arbeit fordert von uns einen 16-Stunden-Tag.

Ziehen Sie von einem 24-Stunden-Tag 16 Stunden Arbeit ab, und es bleiben Ihnen noch genau acht Stunden. In dieser Zeit müssen Sie sechs bis acht Stunden schlafen, essen, baden, sich anziehen, den Haushalt führen und sich Ihrem Partner und/oder den Kindern in sinnvoller Weise widmen.

Jedes Schulkind wird Ihnen beweisen, daß diese Rechnung nicht aufgeht.

Dabei ist die Lösung solch eines kleinen mathematischen Dilemmas ziemlich einfach: Entweder Sie finden einen Planeten mit einem 48-Stunden-Tag oder einen Job, der Sie weniger Stunden kostet. Vielen wird die Suche nach dem Planeten leichter fallen, als mit der schmerzhaften Wirklichkeit ihrer Arbeitszeiten zurechtzukommen.

Aber wie kommt so ein 16-Stunden-Tag zustande? Manchmal sind es die Chefs oder die Manager, die selbst so lange arbeiten und dies von ihren Angestellten ebenfalls verlangen. Erfolg messen sie nur in Verdienst oder Status und teilen ihre Zeit entsprechend zu.

Diese Vorstellung von Erfolg übertragen sie nun auf Angestellte und Mitarbeiter. Zeit für sich selbst, für Freizeit und Beziehungen zu nehmen wird als Hochverrat an der Firma angesehen.

Auch in den sogenannten „helfenden“ Berufen wie bei Krankenschwestern, Kindergärtnerinnen, Beratungsstellen und dergleichen sind lange Arbeitstage die Regel. Hier werden täglich menschliche Bedürfnisse von professionellen Helfern therapiert. Dabei ist häufig die Versuchung unwiderstehlich groß, noch etwas Zeit dranzuhängen, um „nur noch diese eine Sache“ zu erledigen, zumal auch die Anforderungen hoch und die Ressourcen knapp sind.

An welcher Stelle ändert ein Lehrer seinen Unterricht, wenn er sieht, daß die Hälfte seiner Schüler ohne zusätzliche Nachhilfe durchfällt? Wann endet für einen Personalchef der Tag, wenn ein am Boden zerstörter Angestellter ihm zwei Minuten vor Feierabend sein Leid klagt? Wann gönnt sich die Ärztin eine Pause, wenn ältere Patienten sie immer wieder bedrängen: „Niemand kann mich so gut versorgen wie Sie, Frau Doktor“?

Aber es gibt jenseits der Ausbeutermentalität von Betrieben auch noch andere Gründe für einen 16-Stunden-Tag. Ob ungerechtfertigte Ansprüche von hektischen Chefs oder gerechtfertigte Bitten von wichtigen Leuten: Der 16-Stunden-Tag ist schnell erreicht.

Die Erwartungen unseres Kulturkreises stellen eine viel subtilere und unterschwelligere Quelle für den 16-Stunden-Tag dar. Uns sind ein Geschäftsführer, der Zeit hat, seinen Rasen zu mähen, oder der Arzt auf dem Golfplatz ziemlich suspekt. Führungskräfte und Selbständige haben nun mal lange zu arbeiten. Solche kulturellen Stereotypen fördern lange Arbeitstage und tragen dazu bei, daß auf Ungleichgewichte im Leben nicht ausreichend geachtet wird. Aus eigener Erfahrung wissen wir auch, daß solch ein 16-Stunden-Tag in jedem Berufsfeld möglich ist.

Welche Berufsgruppe auch immer: Die Wirkungen solcher Tage ähneln sich. Partner und Kinder fühlen sich vernachlässigt, die beruflichen Anforderungen laugen aus, und erste gesundheitliche Probleme tauchen auf. Billig ist so ein 16-Stunden-Tag nicht zu haben – im Gegenteil: Er fordert einen hohen Preis.

2. *Zwei Karrieremenschen oder ein alleinerziehender Elternteil haben das Gefühl, der Tag habe nicht genügend Stunden.*

Meist sind wir von unseren Eltern nicht genügend auf jene Welt vorbereitet worden, in der wir heute leben. Sie konnten es nicht, weil sie keinerlei Erfahrungen damit hatten, womit wir heute konfrontiert sind.

Unsere Väter erfüllten die traditionelle Rolle des „Ernährers“, und es wurde nicht von ihnen erwartet, zu kochen, soziale Kontakte zu pflegen oder die Kinder zu versorgen. Unsere Mütter waren im allgemeinen Vollzeithausmütter, die sich nicht von der Arbeit wegstehlen mußten, um einer Kindergartenaufführung beizuwohnen.

Wir haben unser Rollenverständnis bezüglich der Eltern nicht geändert, sondern ganz einfach neue Rollen hinzugefügt oder sie vervielfacht. Aber die Übernahme weiterer Rollen und Verantwortlichkeiten macht unsere Tage nicht länger. Wir arbeiten schwer unter Einsatz unserer Fähigkeiten, und trotzdem fühlen wir uns oft ernüchtert, frustriert, verstimmt und überarbeitet.

Amanda und Neal

> Diese beiden nutzen jede Minute ihrer Zeit aus. Sie sind sehr produktiv, und ihre Freunde bewundern sie dafür. Beide arbeiten die ganze Woche und haben noch Zeit, ihren Kindern bei den Schulaufgaben zu helfen. An den Wochenenden wird eingekauft, vorgekocht, gewaschen und geputzt, denn während der Woche ist dafür keine Zeit. Beide füllen die Verantwortung ihrer Jobs aus, ihr Haus ist sauber, und die Mahlzeiten sind nahrhaft. Mit ihren Kindern verbringen sie viel Zeit. Aber beide sind auch erschöpft. Warum sie sich oft so unvollkommen fühlen und so wenig Zeit füreinander haben, können sie nicht verstehen.

Wenn wir versuchen, verschiedenen Rollen gerecht zu werden, geschieht – jenseits der Erschöpfung – etwas Interessantes. Nicht nur mögliche Erfolge nehmen zu, sondern es mehren sich auch etwaige Fehlschläge. Arbeitende Eltern können erfolgreich Karriere machen, Kinder großziehen, den Haushalt führen, über Führungsqualitäten verfügen und Zeitmanagement betreiben. Aber bei jeder dieser Aufgaben können die arbeitenden Eltern auch versagen, und daher ist es ziemlich verlockend, sich nur auf eines zu konzentrieren!

Vor allem arbeitende Frauen plagen sich mit Schuldgefühlen und enttäuschten Erwartungen herum. Heutige Väter können zwar ein paar Windeln wechseln, gelegentlich den „Fahrdienst" übernehmen und so für wenige Stunden in der Woche die Rollenverteilungen sprengen, mit denen sie aufgewachsen sind. Frauen dagegen, die von Hausmüttern erzogen wurden, können sich 40 bis 50 Stunden pro Woche hingebungsvoll ihren Kindern widmen, ohne auch nur annähernd die Erwartungen zu erfüllen, die ihre Mütter in sie gesetzt haben.

Entscheidend in solchen Situationen sind nicht die tatsächlichen körperlichen oder geistigen Anforderungen der Rolle – entscheidend ist unsere Wahrnehmung, was den Erfolg beziehungsweise den Mißerfolg ausmacht. Wie viele Aufgaben wir übernehmen und wie sehr wir uns am Ende eines Tages erfolgreich oder niedergeschmettert fühlen, hängt davon ab, was wir als notwendig erachten.

Kein arbeitender Elternteil, ob Mann oder Frau, ist in der Lage, alles allein zu schaffen. Wer das versucht, wird ständig enttäuscht und verbittert sein. Jeder, der Arbeit und Kindererziehung unter einen Hut bringen will, sollte deshalb drei wichtige Fähigkeiten entwickeln:

- Hilfe von der Familie, von Freunden und von bezahlten Hilfskräften zu erwarten und zu bekommen,
- Verantwortung zu delegieren,
- Prioritäten zu setzen.

3. Die Hausarbeiten werden nicht geteilt – Resultat starrer Rollenerwartungen.

Die Väter nach dem Zweiten Weltkrieg hatten es in gewisser Weise gut. Ihren familiären Pflichten kamen sie nach, wenn sie ein paarmal die Windeln wechselten, die Kinder ab und an in die Schule brachten und am Wochenende den Familienausflug organisierten. Wer dann noch Tennis spielte, eine Börsenzeitung las und seine Partnerin zum Essen einlud, führte ein ausgeglichenes Leben. Die Frauen waren größtenteils für den Haushalt verantwortlich und spürten nur selten den Druck der Gesellschaft, Karriere außerhalb der eigenen vier Wände zu machen. Die Geschlechterrollen waren eindeutig zugewiesen und die Verantwortlichkeiten entsprechend aufgeteilt.

Heute besteht solch eine klare und einfache Rollenverteilung nur noch bei sehr wenigen Familien. Die sozialen und die ökonomischen Veränderungen der letzten Jahrzehnte waren so gewaltig, daß die Familien Mühe haben, überhaupt noch lebensfähige Rollenzuweisungen und eine gerechte Teilung der Arbeit zu verwirklichen.

Selbst in den liberalsten und fortschrittlichsten Familien ist die Aufteilung der Hausarbeit ein ständiger Reibungspunkt. Studien zeigen, daß die Frauen in solchen Doppelverdienerhaushalten immer noch weit über die Hälfte aller Hausarbeiten plus Kindererziehung übernehmen, unabhängig vom sozialen und beruflichen Status der Eltern.

Doch sind beide Geschlechter von diesem Problem betroffen. Im Gegensatz zu gleichaltrigen Singles müssen Männer, die sich aktiv um Heim und Kind kümmern, doppelt soviel arbeiten. Trotzdem tun sie nur halb soviel wie ihre Partnerinnen. Umgekehrt stecken Frauen oft in dem Dilemma, beruflich mit Männern konkurrieren zu müssen, die nach der Arbeit Zeit haben, sich fortzubilden oder am Stammtisch zu hocken, anstatt Wäsche zu waschen oder das Essen zu kochen.

Wir können die typisch weiblichen Aufgaben wie kochen, putzen, einkaufen, Kindererziehung und so fort nicht einfach ignorieren. Sie sind Teil eines weiblichen Rollenklischees und stellen Notwendigkeiten des Lebens dar. Zwischen den Partnern kann die Verteilung solcher Aufgaben zu erbitterten Auseinandersetzungen führen. Wieviel unnötige Zeit wird in Familien damit verbracht zu argumentieren, warum dieser oder jener jetzt für die Wäsche zuständig ist – und wieviel besser wäre es, statt dessen eine kreative Lösung des Wäscheproblems zu finden. Folgende Äußerungen sollen dies belegen:

Sally: Nach der Scheidung von meinem ersten Mann ließ ich meine Tochter die Wäsche machen. Nun bin ich wieder verheiratet, und wir teilen die Verantwortung für die Wäsche. Jeder macht seine.

Meg: An den Tagen, an denen ich arbeite, essen wir außerhalb. Die Kinder mögen das, und mir spart es nicht nur die Vorbereitungszeit, sondern auch das Einkaufen und den Abwasch.

Dave: Jedes unserer Kinder kocht einmal die Woche abends – selbst der Neunjährige. Na ja, nicht alle Mahlzeiten erfüllen dabei das Kriterium eines guten Haushalts, aber wir verbringen auf diese Weise mehr Zeit mit den Kindern, und sie lernen zudem noch, selbständig zu sein und zu kochen.

Mit der folgenden Übung können Sie Ihre eigene Kreativität testen: Schreiben Sie alle Möglichkeiten auf, wie eine Vierpersonenfamilie fünf Abende in der Woche zu einer warmen Mahlzeit kommt. Dazu haben Sie eine Minute Zeit. Los geht's …

Sie haben nur zwei oder drei Lösungen gefunden? Dann würde Ihnen ein kleiner Intensivkurs in kreativer Problemlösung sicher nicht schaden. Wer dagegen sechs oder mehr Lösungen hat, ist auf dem besten Wege, einen uralten Konflikt in einen kreativen Workshop umzufunktionieren.

4. Die Familie, die Gesellschaft und die Medien verlangen den Erfolg

Der Druck, erfolgreich zu sein, kommt von allen Richtungen: den Medien, der Familie, den Freunden und den Mitarbeitern. Selbst die Sätze unserer Kindheit klingen uns noch im Ohr, wenn wir uns als Erwachsene nach Erfolg sehnen.

Der Druck kann sehr subtil sein, etwa wenn ein Freund oder Verwandter von einer tollen Beziehung schwärmt, aber er kann sich auch unmittelbar auswirken – etwa wenn ein Kind fragt, warum Sie denn nicht so einen tollen Swimmingpool wie die Nachbarn haben.

Selbst im Kindergarten und in der Grundschule mehren sich die Hinweise, daß die Kinder bereits unter Leistungsdruck stehen, und vor allem nach dem Wechsel auf weiterführende Schulen setzen viele Eltern ihre Sprößlinge bereits einem enormen Erfolgszwang aus. Noch bevor die Kleinen irgendeine Chance hatten, Talente zu entwickeln und herauszufinden, zu was sie fähig sind, befördern wir sie auf die Erfolgs-/Mißerfolgsschiene.

Jede Messung von Erfolg ist problembehaftet, egal, ob es um die Benotung im dritten Grundschuljahr oder um die jährliche Umsatzbilanz geht. Keines dieser Kriterien ist für jeden gleichermaßen geeignet. Es gibt Führungskräfte, die viele gute Ideen haben, aber nachlässig in Details sind. Und dem Studenten fehlt vielleicht das Image eines Bücherwurms, obwohl er damit gut über die Runden kommt. Ebenso kann einem guten Teamspieler vielleicht der „Killerinstinkt" fehlen, um die entscheidenden Punkte zum Gewinn zu erzielen.

Schulnoten eignen sich zur Messung von Kreativität ebensowenig wie ein Längenmaßband zur Gewichtsbestimmung – es ist schlichtweg unmöglich.

Bei der Abschlußveranstaltung einer Universität erinnerte ein weiser Professor die Eltern der Studenten daran, daß diese in der freien Wirtschaft nicht nach Fähigkeiten eingesetzt werden. Von ihnen wird verlangt, mit verschiedensten Menschen klarzukommen, das Beste aus anderen herauszuholen und ihre Führungsqualitäten bei sehr unterschiedlichen Gruppen zu beweisen. Um im Leben erfolgreich zu sein, braucht es eben mehr als nur gute Noten.

Als Erwachsene laufen wir Gefahr, unseren Erfolg mit der Meßlatte eines anderen zu messen. Damit sind Enttäuschungen und Versagen vorprogrammiert. Ob nun Beförderungen, Verdienst, Golfhandikap oder die geflogenen Meilen – unsere Freunde haben eigene Bewertungen für ihren Erfolg, die mit unseren übereinstimmen können oder auch nicht.

Daniel: Eines schönen Tages nahm der Wettbewerb unter uns Freunden merkwürdige Züge an. Wir fingen an, unsere Triglycerid- und Cholesterinwerte miteinander zu vergleichen. Es reichte einfach nicht, finanziell erfolgreich und sozial bekannt zu sein, selbst die Gesundheit wurde zum Vergleichsmaßstab. In diesem scheinbar endlosen Wettlauf um körperliche Fitneß war es nichts Ungewöhnliches, fremde Leute zu belauschen, die sich gerade über ihre neuesten Arztbesuche und Laborwerte unterhielten.

Es gibt einen populären Film, in dem ein alter Cowboy einem jungen, gewitzten, aber angepannten Städter erzählt, worin das Geheimnis des Lebens besteht: „Es gibt nur eins." Der junge Städter ist natürlich ganz wild darauf, eine schnelle Antwort auf seine Identitätskrise zu bekommen und fragt, was das denn sei.

Die Antwort des Weisen lautet: „Das mußt du selbst herausfinden." Jeder muß nach seinem eigenen Maß für den Erfolg suchen, und erst dann kann man darangehen, ihn auch zu verwirklichen.

5. *Es fehlt die nötige Übung, um zu delegieren, Schwerpunkte zu setzen oder ein Zeitmanagement durchzuführen.*

Um effektive Leistungen zu erbringen, sind einige wichtige Fertigkeiten unabdingbar – was alle erfolgreichen Geschäftsleute bestätigen werden. Dazu gehört, Aufgaben und Verantwortung zu delegieren, Schwerpunkte festzulegen und ein Zeitmanagement zu betreiben.

Nehmen Sie sich irgendeine berufliche Ausbildung vor, und Sie werden einen Hinweis auf genau diese Fertigkeiten vermissen. Wenn wir einmal unterstellen, solche Fähigkeiten seien nicht genetisch vererbt, dann beginnen wir alle unser Berufsleben ohne diese für den Erfolg so wichtigen Voraussetzungen.

Viele Firmen und Fachinstitutionen bieten hervorragende Weiterbildungsseminare an, in denen Zeitmanagement und andere Fertigkeiten für Führungskräfte gelehrt werden. Typischerweise aber ist der Inhalt dieser Seminare auf das Tätigkeitsfeld ausgerichtet. Eine Erweiterung von Management- und Führungskräftetechniken auf den 24-Stunden-Tag oder gar das gesamte Leben findet nicht statt. Das Problem dabei ist, daß wir ganzheitliche Wesen sind und uns nach der Arbeit nicht einfach um 180 Grad verändern.

Zuerst äußern sich Führungsqualitäten zu Hause. Eine Führungskraft, die ihren 24-Stunden-Tag nicht geregelt bekommt, wird Schwierigkeiten haben, ihren Arbeitstag zu gestalten. Wer dagegen wirksame Führungsqualitäten in seinem ganzen Leben zeigt, wird auch mit seiner Arbeitszeit keine Probleme bekommen.

Zielgerichtete Seminare über Delegation, Schwerpunktsetzung und Zeitmanagement sind unglücklicherweise die Regel, und es gibt nur wenige Übungsmöglichkeiten, um sich Führungsqualitäten für sein ganzes Leben anzueignen. Deswegen liegt auch der sechste äußere Grund für ein unausgewogenes Leben ganz nahe: der Mangel an Übung und Erfahrung.

6. *Es mangelt an Übung, um richtige Entscheidungen vor dem Hintergrund des Modells eines ausgeglichenen Lebens zu treffen.*

Ein ausgeglichenes Leben zu führen ist ein wenig wie eine gute Ehe zu führen oder Kinder großzuziehen – wir sehen uns hier vor wichtige Aufgaben gestellt, auf die wir nicht vorbereitet sind. Erschwerend kommt noch hinzu, daß jene Fähigkeiten, die wir uns von unseren Eltern oder Lehrern aneignen konnten, uns in vielen heutigen Situationen nichts mehr nutzen.

Unser Modell für ein Leben im Gleichgewicht umfaßt Entwicklungen in verschiedenen Bereichen: dem Beruf, der

Gesundheit, der Freizeit, den Beziehungen, der Selbstverwirklichung und der Spiritualität. Solche Fähigkeiten werden wir nicht alle auf einmal erlernen, sondern wir müssen sie uns stückweise aneignen: in einem beruflichen Fortbildungsseminar, einem Elternseminar der Volkshochschule oder einem spirituellen Wochenende der Kirchengemeinde. Die Gelegenheit, unser Leben als Ganzes anzusprechen und Fähigkeiten zu entwickeln, die unsere Biographie umfassen, wird uns nirgendwo geboten.

Dave:

> Dave war Manager einer Einzelhandelskette und hatte Schwierigkeiten, selbst geringfügigste Meinungsverschiedenheiten mit seinen Angestellten auszudiskutieren. In anderen Bereichen dagegen verfügte Dave über herausragende Fähigkeiten. Seine Bedürfnisse, ob persönliche oder berufliche, hingen sämtlich mit seiner Arbeit zusammen. Seine Freunde, Freizeitaktivitäten und sein Selbstbewußtsein – alles zog er aus seinem Beruf und seinen Kollegen. So fiel es ihm selbstverständlich schwer, seine Mitarbeiter zu kritisieren, was sich nachteilig auf seine beruflichen Leistungen auswirkte.

Dave besuchte Seminare in allen Managementbereichen, so auch eines über Konfliktlösungsstrategien. Ihm selbst war aber genau jene Fähigkeit, über die er als Manager verfügen mußte, gänzlich unbekannt. Er hätte wissen müssen, wie riskant es ist, seine persönlichen Bedürfnisse mit der Arbeit zu verknüpfen. Das war nicht nur für sein persönliches Wohlergehen, sondern auch für seine berufliche Leistungsfähigkeit eine falsche Entscheidung. Hätte man ihm ein Seminar über Lebens-Management-Techniken angeboten und nicht nur über richtige Budgetierung, wäre es gar nicht so weit gekommen.

Die Lösung von Daves konfliktscheuem Verhalten lag tatsächlich außerhalb seiner beruflichen Tätigkeit. In dem Maße, in dem er Beziehungen und Interessen jenseits seines

Berufes entwickelte, reduzierten sich auch die Konflikte bei der Arbeit, und er konnte nun seine Konfliktlösungsstrategien viel wirksamer einsetzen.

Lassen Sie uns unseren ganzheitlichen Ansatz eines ausgeglichenen Lebens mit einer wirksamen, langfristig angelegten Firmenstrategie vergleichen. Jede Entscheidung wird nicht nur an ihrem sofortigen Ergebnis gemessen, sondern auch an ihrem Beitrag zu den Zielen des Unternehmens. Dieser Ansatz zur Entscheidungsfindung ist der beste Führungsstil. Führung beginnt gemäß unserem Modell zu Hause, und ein gutes Management startet mit einem weitgefaßten Plan oder einer Aufgabe für unser Leben. In dieser Bestimmung haben sowohl unsere Arbeit als auch die Beziehungen, die Gesundheit, die Freizeit sowie unsere Selbstverwirklichung und unser spirituelles Wachstum ihren Platz.

Innere Gründe, die zu einem Ungleichgewicht führen können

Solche inneren Gründe lassen sich in unserem Denken, Fühlen und in unserer Wahrnehmung finden. Jeder von uns lebt nach einem System fester Überzeugungen, und wie wir auf äußere Umstände reagieren, etwa auf Inanspruchnahme unserer Zeit, hängt eng mit diesen Vorstellungen zusammen.

1. Die Leistungsschere: immer nur das Beste geben
2. Die Erfolgsschere: über Fiktionen und Fakten
3. Das innere Erfolgsmodell: Erfolg ist gleich Karriere
4. Die Sicherheitsschere: Innere Sicherheit bedeutet finanzielle Sicherheit
5. Vermeidungsverhalten: Ein umtriebiger Lebensstil verhindert, persönliche Probleme anzugehen
6. Irrglaube Nr. 1: Ich kann/muß alles haben
7. Irrglaube Nr. 2: Ich kann/muß alles tun

1. Die Leistungsschere: immer nur das Beste geben

Als wir uns mit dieser traditionellen Maxime beschäftigten, fanden wir etwas Interessantes heraus. Wenn ein Arbeiter sich anstrengt und eine Aufgabe zur Zufriedenheit bewältigt, erhält er eine Belohnung in der Art, daß ihm noch mehr in noch kürzerer Zeit abverlangt wird. Natürlich stößt jeder bei diesem System höherer Erwartungen und schwindender Ressourcen irgendwann an seine ganz persönliche Leistungsgrenze.

Die meisten Arbeiter befinden sich heute in einem verzweifelten Wettlauf, diese immer weiter auseinanderklaffende Schere, die wir definieren wollen als Unterschied zwischen Leistung und Kapazität, zu schließen. Wenn die Schere weit auseinanderklafft, ist der Arbeiter am Rande seiner Kapazität. Dann gibt es zwei mögliche Ausgänge: Entweder muß sich die arbeitende Person mit ihrer persönlichen Kombination aus Gaben und Beschränkungen abfinden oder die Ziele und Erwartungen so lange höher stecken, bis Ineffektivität und Unproduktivität eintreten.

Schon vor Jahren ist dieser Vorgang als das „Peter-Prinzip" beschrieben worden: Jeder arbeitende Mensch steigt bis zur maximalen Höhe seiner Unfähigkeit auf.

Die Leistungsschere zu schließen wird so lange eine Selbstverteidigungsmaßnahme bleiben, bis die arbeitenden Menschen es verstehen, realistische Vorstellungen über ihre Vorhaben zu entwickeln und sie auch kritisch auszuwählen.

Die Koautorin erinnert sich beispielsweise noch genau, wie sie das erste Mal die „Immer-nur-das-Beste-geben"-Regel verletzt hat. Sie besuchte die Oberstufe und mußte sich schmerzhaft eingestehen, daß sie nicht in der Lage war, mit einem Halbtagsjob und ordentlichem Erscheinen ihre gewohnt guten Noten zu halten.

„Ich bin an meine natürlichen Grenzen gestoßen", erinnert sie sich. „Die Wahl war schmerzlich, aber klar. Ich habe mich auf die Fächer konzentriert, die mir wichtig waren, die anderen habe ich schleifen lassen. Diese Auswahl war bitter, aber sehr wirksam. Bis heute kann ich die Mitschriebe der Fächer verwenden, auf die ich mich konzentriert hatte. Hätte ich versucht überall gut zu sein, wäre in sämtlichen Fächern nur Mittelmaß die Folge gewesen."

2. Die Erfolgsschere: über Fiktionen und Fakten

Viele Erwachsene werden sich meist im mittleren Alter schmerzhaft der Zeit bewußt. Der Tag hat nicht mehr genügend Stunden, und es bleiben nicht mehr ausreichend Jahre, um die Träume der Jugend zu erfüllen.

Zumeist tritt dieses Bewußtsein in zwei Formen auf: Wir vergleichen uns mit Gleichaltrigen oder Verwandten und schneiden dabei schlecht ab, oder wir vergleichen uns mit unseren eigenen Wünschen, Träumen und Phantasien, was ebenso zu unseren Ungunsten ausfällt.

Egal, wie lang und eindrucksvoll die Liste des persönlich Erreichten ist – wenn wir unseren Erfolg mit dem anderer vergleichen, kommen wir meist zu einem negativen Schluß. Die Folgen sind Angst sowie eine ständige Unzufriedenheit.

> So erzählt Madan Birla beispielsweise:
>
> Ich freute mich, meine Verwandten in Indien wiederzusehen. Ich war gespannt auf meine Nichten und Neffen und darauf, sicherzustellen, wie sehr sie seit meinem letzten Besuch gewachsen waren. Und es machte Spaß, an den Hochzeiten teilzunehmen. Finanziell geht es meinen Verwandten ziemlich gut, und so gibt es auf der Reise auch einen Teil, auf den ich verzichten könnte. Das sind die Gespräche der Gutsituierten über irgendwelche „großen Geschäfte" von anderen. Meist wird schnell klar, daß sie diese Leistungsvergleiche daran hindern, sich wirklich wohl in ihrer Haut zu fühlen und sich über ihre eigenen Leistungen zu freuen.

Wir leben in einer Welt des Wettbewerbs, und daher ist es normal, unsere Leistungen ängstlich mit den Erfolgen anderer zu vergleichen. Der entscheidende Punkt dabei ist, wie wir damit umgehen und ob wir das auf eine gesunde oder ungesunde Art machen. Hält unsere niedergeschlagene Stimmung an oder sind wir ständig ängstlich? Wie lange dauert es, bis wir uns dieser Angst entledigt haben?

Eine Möglichkeit, mit solchen schlechten Gefühlen fertig zu werden, besteht darin, uns am Rennen zu beteiligen. Wir können unsere Unsicherheit verbergen, indem wir zum Workaholic werden – heilen allerdings wird das unseren Gemütszustand nicht. Viel wahrscheinlicher werden wir eine dauerhafte Zufriedenheit erleben, wenn wir weiter gefaßte und uns angemessenere Ziele entwickeln, um ein Leben im Gleichgewicht zu führen.

> Madan erinnert sich:
>
> Auf dem Rückweg von einem Familienurlaub auf Hawaii machten wir in San Francisco halt, um einen engen Freund zu besuchen. Mark und ich haben unsere Karrieren etwa zur gleichen Zeit begonnen. Als ich mir sein Haus ansah und er mir seine Stellung in der Firma beschrieb, wurde mir schnell klar, daß er mehr verdiente als ich. Als wir dann nach Hause flogen, nagte an mir der Unterschied zwischen seinem und meinem Erfolg, und ich fühlte mich unzufrieden und hatte Angst.

Also mußte ich mir die Frage beantworten: „Nehme ich mir von meinem Leben, was ich will?“ Schnell skizzierte ich ein Modell meines ausgeglichenen Lebens auf eine Serviette. Das Ergebnis überraschte und freute mich: Ich hatte einen Beruf, der mich forderte, mich wachsen ließ und in dem mir die Kollegen und Vorgesetzten mit Respekt begegneten. Ich hatte persönliche Beziehungen – eine Frau, die ich liebte, zwei gesunde Kinder, Zeit für die Kinder sowie einen Kreis guter Freunde. Ich konnte mich selbstverwirklichen, konnte lesen und schreiben, Seminare an Universitäten geben, an religiösen Veranstaltungen teilnehmen und meine spirituelle Entwicklung fördern. Und ich hatte Freizeit: Zweimal in der Woche spielte ich Tennis mit guten Freunden und unternahm mit meiner Frau Spaziergänge. Was jemand anderer ist oder hat, das begriff ich nach dieser Analyse sehr schnell, kann niemals von Bedeutung für mein eigenes Leben sein.

3. Das innere Erfolgsmodell: Erfolg ist gleich Karriere

Das innere Erfolgsmodell ist gleichen Ursprungs wie die Erfolgsschere. In beiden Fällen erlauben wir anderen, sich in unser Leben einzumischen und unsere Prioritäten und Erwartungen zu bestimmen. Wenn wir uns umschauen, erblicken wir viele Vorbilder für Erfolg: Prestige, Geld, Häuser, Autos, Urlaub, Umsatz, soziales Engagement sowie die Leistungen unserer Kinder, auf die wir stolz sein können.

Das Maß für den Erfolg von irgend jemand anderem zu übernehmen birgt vor allem ein Problem: Es kann nicht passen. Ähnlich wie ein ausgeborgter Anzug vermag solch ein fremder Erfolgsmaßstab unserer ureigenen Kombination aus Talenten, Fähigkeiten und Ressourcen nicht zu entsprechen.

Wenn wir uns dieses fremde Maß aneignen, wird es immer einen geben, der es besser kann oder der mehr hat. Passende Lebensziele und auf uns zugeschnittenes Verhalten erreichen wir nur, wenn wir unser eigenes Erfolgsmodell verwenden. Dann wird es ganz sicher niemanden geben, der es besser macht.

4. Die Sicherheitsschere: Innere Sicherheit bedeutet finanzielle Sicherheit

Sich innerlich und äußerlich abgesichert zu fühlen ist ein menschliches Bedürfnis. Um uns vor körperlichen Schäden zu schützen, haben wir ausgeklügelte Sicherungssysteme entwickelt, und für den Fall unseres Todes überschreiben wir unseren Liebsten Lebensversicherungen, damit sie auch dann noch abgesichert sind.

Wir wollen uns in dem beruhigenden Gefühl wiegen, daß wir und unsere Familien emotional, finanziell und körperlich abgesichert sind und es auch bleiben.

In einer unsicheren Welt ist diese Suche nach absoluter Sicherheit kaum durchführbar. Denn selbst wenn unser Einkommen im Vergleich zu unserem Berufsanfang deutlich zugenommen hat, fühlen wir uns doch nicht sicher.

Wir verdienen einfach nicht genug Geld, das ist der Gedanke, der hinter dieser Unsicherheit steht. Aber wenn wir mehr verdienen, dann müssen wir wieder höhere Hypotheken abzahlen, um die wachsende Steuerlast zu senken. Und je höher die Hypotheken, desto größer die Unsicherheit.

Wir wollen die finanzielle Sicherheit, um sorgenfrei leben zu können, aber diese Freiheit wird zugunsten höherer steuerlicher Belastungen wieder geopfert. Wir müssen immer länger und immer mehr arbeiten, um die wachsenden Ausgaben auszugleichen. Unser Anerkennungs-Selbst (der Beruf) nimmt angesichts dieser Umstände immer mehr Zeit in Anspruch, und das führt zu einem unausgewogenen Lebensstil.

In einem unserer Seminare wurden sogenannte Spitzenverdiener gefragt, wonach sie im Leben streben. Die gleichlautende Antwort war: „Nach finanzieller Sicherheit“. Wenn schon die Einkommensverhältnisse dieser Gruppe kein Gefühl einer finanziellen Sicherheit garantieren, wie muß es dann uns anderen ergehen?

Wir alle haben, wenn auch nur für kurze Momente, wirkliche innere Sicherheit verspürt. Sie entsteht aus Beziehungen zu Menschen, in denen Liebe und Unterstützung gewährt werden. Sie kommt aus Gott und der weitaus größeren Welt jenseits unserer Bürotüren.

„Es braucht kein Geld, um die Bedürfnisse der Seele zu kaufen.“ (Henry David Thoreau)

5. *Vermeidungsverhalten: Ein umtriebiger Lebensstil verhindert, persönliche Probleme anzugehen*

Wer ständig in Bewegung ist, dem fällt es leicht, nicht über sein Leben nachzudenken. Es gibt ein Wort, das unsere Generation am ehesten kennzeichnet: nämlich „umtriebig“. Diese ständige Bewegung scheint durch äußere Anlässe wie Beruf, Familie, Finanzen und soziale Verpflichtungen verursacht zu werden. Tatsächlich aber ist es innere Unruhe.

Niemand zwingt uns, auf all diese Verpflichtungen einzugehen. Wir haben sie zu irgendeinem Zeitpunkt in unserer Biographie gewählt. Für viele ist das eine schockierende Erkenntnis. Heirat, Arbeit, Haus, Schule, Kirche, Kinder, Reisen, Freundschaften: Alles scheint uns heute mehr Last denn Herausforderung zu sein, und es ist ernüchternd, sich daran zu erinnern, wann wir uns für diese Verpflichtungen entschieden oder sie übernommen haben.

Aber wieso wurden die freudigen Herausforderungen von einst plötzlich zu belastenden Pflichten? Verantwortlich dafür ist nicht die Qualität der Auswahl, die wir getroffen haben, sondern die Methode, mit der wir dabei vorgegangen sind. Niemand hat uns gezeigt, wie wir uns dabei verhalten, wo wir Prioritäten setzen sollten und wie wir unser Leben den sich ständig ändernden sozialen und ökonomischen Wirklichkeiten anpassen können. Statt dessen haben wir uns für alles gleichzeitig entschieden und verlieren uns darin, all diese Verpflichtungen aufrechtzuerhalten.

Uns bleibt keine Zeit, darüber nachzudenken, wohin unser Leben steuert, weil wir so beschäftigt sind, all unseren Verpflichtungen nachzukommen. Und so dreht sich dieses Teufelsrad von allein immer weiter. Wir selbst können nicht mehr agieren, weil wir ähnlich einem Jongleur so viele Dinge zur gleichen Zeit in Bewegung haben. Eine falsche Bewegung oder ein Nachlassen der Aufmerksamkeit – und alles wird zusammenbrechen. Von dieser Stelle gibt es kein Entrinnen.

Aber selbst der Jongleur muß einmal aufhören und seine Gegenstände einsammeln, um etwas anderes zu tun. Bevor er nicht das eine Kunststück beendet hat, wird er kein neues beginnen. Alle Bälle, Teller oder Keulen werden sorgfältig eingesammelt, und beim nächsten Kunststück wirbelt ein Gegenstand nach dem anderen durch die Luft, bis es wieder so viele sind, wie der Jongleur beherrschen kann.

Gleich dem Jongleur müssen wir für eine Minute innehalten und uns selbst sammeln. Sonst bleibt uns nichts übrig, als bewegungslos auf einer Stelle zu verharren und immer weiter mit den alten Dingen zu jonglieren. Wachstum braucht Reflexion. Ein umtriebiger Lebensstil ist letztendlich selbstzerstörerisch, denn er verhindert das Nachdenken.

Alle Bemühungen, denen kein Ziel und keine Richtung zugrunde liegen, sind sinnlos und unproduktiv, da wir nicht wissen, wo wir zuerst landen werden.

Innezuhalten und über unser ganzes Leben nachzudenken ist wichtig. Dazu gehören die Arbeit, die Beziehungen, die Freizeit und die eigene Erfüllung. Seinen Bemühungen eine Absicht zu geben kann eine langwierige Aufgabe sein, aber sie lohnt sich.

6. Irrglaube Nr. 1: Ich kann/muß alles haben

Ständig werden wir mit der Botschaft „Sie können alles haben" konfrontiert. Irgendwann haben wir sie so oft gehört, daß sie von uns verinnerlicht wurde: „Ich *muß* alles haben." Nur wenn dieses „alles" äußerst vorsichtig definiert wird, vermag die Botschaft eine positive Wirkung zu entfalten. Was alles in jenem Wort „alles" enthalten ist, wird ganz individuell festgelegt, und auf keinen Fall können sämtliche Dinge, die auf der Liste stehen, gleichzeitig angestrebt werden. Wir haben ein Bild im Kopf, was denn „alles" umfaßt, und wenn wir diesen falschen Vorstellungen hinterherlaufen, werden wir uns völlig verausgaben. Solche Traumwelten sind beispielsweise eine erfolgreiche Karriere, ständige Beförderungen, eine erfüllte Ehe, ein großes Haus, mehrere Autos, ausgedehnte Urlaube, ein Kreis attraktiver Freunde, gutgeratene Kinder, die ihren Eltern zur Ehre gereichen, ein großer Garten, aktive Mitgliedschaft in sozialen oder gesellschaftlichen Organisationen sowie ein gestählter, guttrainierter Körper.

Aber dem steht eine ernüchternde Wirklichkeit gegenüber: finanzielle Beschränkungen, eine Arbeitsumgebung, die harten Wettbewerb fordert, und ein auf 24 Stunden begrenzter Tag. Oftmals sind auch die Zeiten, in denen wir Karriere machen können, die gleichen, in denen die Kinder groß werden und wir zusätzlich den Einfluß unseres Alters zu spüren beginnen. All dies mutet uns manchmal an, als ob wir „alles auf einmal kriegen“, und zwar zur gleichen Zeit.

Von finanziell erfolgreichen Menschen denken wir oft, sie müßten eigentlich „alles haben“. Aber wir finden häufig eine davon abweichende Biographie, wenn wir das berücksichtigen, was sonst noch im Leben eines Menschen eine Rolle spielt.

Vielleicht ist die Person in materieller Hinsicht erfolgreich, aber möglicherweise fühlt sie sich selbst damit nicht sicher genug oder glaubt sogar, nicht genug Finanzmittel zu besitzen. Auch kann solch ein Mensch gesundheitliche Probleme mit sich selbst und/oder Familienangehörigen haben, seine verwandtschaftlichen Beziehungen mögen nicht gut sein, oder ihm bleibt einfach nicht genügend Zeit, den schwerverdienten Erfolg auch zu genießen. Wir schaffen es nicht, die Wirklichkeit zu verlassen, selbst wenn wir den Eindruck erwecken, als „hätten wir alles“.

7. Irrglaube Nr. 2: Ich kann/muß alles tun

Die Fallstricke dieses Irrglaubens, des Bruders von „alles haben“, werden in einer persönlichen Erfahrung der Koautorin deutlich:

Es geschah eines warmen Maimorgens: Mein Kind hatte gerade ein ausgiebiges Frühstück ohne Geschrei beendet, der Babysitter kam pünktlich, die Betten waren gemacht, Mittag- und Abendessen waren vorbereitet, mein Kostüm war frisch gebügelt, und in meiner Tasche steckte jede Menge erledigter Arbeit. Ich hatte mit meinem Mann noch ein anregendes Gespräch während des Frühstücks und machte mich rechtzeitig auf den Weg zur Arbeit. Ich fühlte mich konzentriert und erfüllt, und so bog ich auf die Hauptverkehrsstraße ab. Wie clever ich war, das alles auf die Reihe zu bringen. Wie König Artus und seine Ritter hatte ich eine perfekte Umgebung geschaffen – mein eigenes Camelot.

Aber es sollte mindestens sechs Monate dauern, bis ich dieses Camelot wieder betreten durfte. Eine Woche später mußte der Babysitter eine kranke Verwandte pflegen, meine Tochter bestand darauf, nur noch Fast food zu essen, in meiner Tasche stapelte sich die unerledigte Arbeit, in unserem Haus türmte sich die schmutzige Wäsche, und die Staubmilben gaben sich ein Stelldichein. Nach vier Tagen Krise hintereinander war auch mit meinem Mann nicht mehr an ein vernünftiges Gespräch zu denken. Ebenso schnell, wie es gekommen war, verflüchtigte sich mein Gefühl, klug zu sein.

Vor allem in den achtziger Jahren galt „alles tun“ als das erstrebenswerte Ziel für die Frauen schlechthin. Für viele Frauen aber war es vor allem:

- entsetzlich ermüdend, weil es das Gefühl, etwas geleistet zu haben, abtötete;
- nicht über eine längere Zeit durchzuhalten.

Der Versuch, „alles zu tun“, hinterläßt uns müde und desillusioniert, und egal, wieviel wir auch leisten: Wir scheinen ständig hinter etwas herzuhetzen und sind enttäuscht. All unsere tollen Erfolge werden auf dem Scheiterhaufen unserer Mißerfolge mitgeopfert.

Auf Männer wirkt sich die oben geschilderte Camelot-Episode anders aus als auf Frauen. Die meisten von ihnen haben am Erfolg der Firma einen persönlichen oder indirekten Anteil, und sie sind selten für Hausarbeiten zuständig. Sie kommen zu einer Frau nach Hause, die den ganzen Tag auf den Beinen war. Müde und abgearbeitet lassen sie die Haustür hinter sich zufallen und wünschen sich nichts sehnlicher, als daß die gute Abendbrotfee erscheinen und ihnen ein warmes Mahl servieren möge. Allerdings können Männer ihren Aufstieg auf der Karriereleiter nicht verlangsamen und müssen trotzdem „alles machen". Für diesen Versuch bezahlen viele von ihnen mit Herzinfarkten und Magengeschwüren, Drogenmißbrauch, Familienkonflikten oder dem Gefühl, im Beruf völlig ausgebrannt zu sein.

Aber was ist mit Camelot? Müssen wir, um erreichbare Ziele und handhabbare Rollen zu entwickeln, unsere Träume aufgeben? Kann ein Mensch tatsächlich seine Karriere, Familie und sein persönliches Leben genießen? Seine Träume aufzugeben ist nicht nötig, sehr wohl aber ist es wichtig, die Kluft zwischen Traum und Wirklichkeit mit einigen Traum-Management-Strategien zu überbrücken.

Die Geschichte der Koautorin geht so weiter:

> Zunächst habe ich meine Rollen besser verteilt und ihnen andere Prioritäten eingeräumt. Ich kann alles tun – aber nicht zur gleichen Zeit. Ich bat um Unterstützung und bekam sie auch. Ich lernte, die Vorstellungen meiner Kinder hinsichtlich ihrer Mahlzeiten oder eines aufgeräumten Zimmers anzuerkennen. Dafür mußte ich auch nicht ständig kochen und aufräumen. Und ich habe gelernt, mehr auf meine Erfolge als auf meine Mißerfolge zu achten. Auch ohne den Anspruch, perfekt zu sein, bringt das Leben in der Wirklichkeit Spaß und Erfüllung.
>
> Ich habe auch gelernt, jene kurzen, lichten Momente zu genießen, in denen einmal alles klappt. Ich weiß, sie werden nie von Dauer sein, doch weiß ich auch, daß sie mit Sicherheit stets wiederkehren werden.

Kapitel 4

40 PRAKTISCHE TIPS, UM IHREN PERSÖNLICHEN PLAN FÜR EIN AUSGEGLICHENES LEBEN IN DIE TAT UMZUSETZEN

In der Gegenwart zu leben bedeutet nicht, vorschnell, unverantwortlich oder selbstbezogen zu sein; es ist weder eine hedonistische Tat noch ein feiges Verstecken. Es bedeutet, das Gute im Leben unvermittelt anzunehmen und frei von zwanghaften Ängsten zu sein.

Charles Morgan

Viele Menschen rutschen in ihren Lebensstil einfach so hinein, und häufig gelangen sie erst, wenn es zu spät ist, zu der Erkenntnis, daß das eigentlich gar nicht das Leben war, welches sie anstrebten. Dies kann vor allem dann geschehen, wenn wir der Psychologie des „wenn – dann“ folgen:

- „Wenn ich befördert worden bin, dann werde ich mehr Zeit mit meiner Familie verbringen.“
- „Wenn wir erst das Haus gebaut haben, dann werden wir glücklich sein.“
- „Wenn ich nur noch einen einzigen Vertrag abschließe, dann brauche ich mir über meine Kreditkartenzahlungen keine Sorgen mehr zu machen.“

Die Gegenwart entzieht sich uns, wenn wir für die Zukunft leben.

In diesem Kapitel wollen wir Sie mit besonderen Mitteln und Wegen vertraut machen, mit denen Sie Ihren persönlichen Plan für ein ausgeglichenes Leben in die Tat umsetzen können. Damit werden Sie Zeit finden für Ihren Beruf, Ihre Beziehungen, Ihre Freizeit und für Ihre Selbstverwirklichung. Und vor allem: Diese Zeit wird im wöchentlichen oder sogar täglichen Maßstab ausgewogen sein.

Ein Leben im Ungleichgewicht wird immer durch eine Mischung aus inneren und äußeren Gründen verursacht, und nur wer beiden nachforscht, wird den Konflikt lösen. Für den Umgang mit den uns innewohnenden Gründen müssen wir unsere Wertvorstellungen ändern und für den Umgang mit den äußeren Gründen unsere Beziehungen zur uns umgebenden Welt.

Um zu einem ausgeglichenen Leben zurückzufinden, sind Veränderungen notwendig, und die werden nicht durch ein intellektuelles Verständnis in Gang gesetzt. Umgekehrt führt kopfloses Handeln nur zu kurzfristigen Veränderungen. Wir müssen also unseren Verstand und unser Verhalten ansprechen, da das eine nicht ohne das andere funktioniert.

Vorsicht: Versuchen Sie nicht, alle diese Vorstellungen auf einmal in die Tat umzusetzen. Lesen Sie noch einmal das Kapitel 3 und finden Sie Ihre eigenen Gründe heraus, warum Ihr Leben sich im Ungleichgewicht befindet. Dann suchen Sie aus den praktischen Tips diejenigen aus, die Ihrer Ansicht nach den Ursachen für Ihre Unausgewogenheit am nächsten kommen.

Hinter jedem Einfall stehen ein Gedanke und eine Handlung, und mit diesen beiden Elementen können Sie innere und äußere Gründe ansprechen, wenn Sie Ihren Plan in die Tat umsetzen. Und natürlich sollten Sie auch Ihr eigenes schöpferisches Tun dazu nutzen, eigene Ideen beizusteuern.

1. Einmal am Tag Ihr Leben wiedergewinnen – lassen Sie Ihren Kalender für sich arbeiten.

Denken ... Stellen Sie sich Ihren Kalender als Ihr Leben vor – nicht nur als eine Auflistung Ihrer Verpflichtungen, Treffen und Zugeständnisse an andere.

Handeln ... Vergeben Sie am Monatsanfang zuerst die Termine für Freunde, Freizeit- und Selbstwertaktivitäten. Erst danach werden die Geschäftstermine und beruflichen Aktivitäten eingetragen.

> Ich erinnere mich, einer der wenigen Väter bei den Schulaufführungen unserer Kinder gewesen zu sein. Welche Freude mir das bereitete, kann ich gar nicht in Worte fassen. Den Konflikt zwischen Arbeit und Familie habe ich mir in solchen Momenten wie folgt vorgestellt: Wenn mein Kind krank wäre, müßte ich auch bei ihm bleiben, also habe ich auch Zeit, seine schönen Momente mit ihm zu teilen. Die meisten werden in ihren Berufen ja nicht nach Stunden, sondern nach der Qualität ihrer Arbeit bezahlt. Daher können wir in unserem Arbeitstag auch persönliche Zeit und Zeit für die Familie unterbringen.
>
> Madan Birla

> Als ich meine Shows in den Studios aufzeichnete, hatte ich Gelegenheit, in die etwa zehn Kilometer entfernte Schule meines Sohnes zu fahren und den Kindern bei ihren Sportwettbewerben zuzusehen. Für meinen Sohn war es das größte, seinen Vater unter den Zuschauern zu haben. Für meinen Enkel habe ich das ebenfalls getan. Auch die Aufführungen meiner Tochter habe ich nie versäumt. Immer gibt es Zeit für die Familie, egal, wie beschäftigt wir sind. Aus diesem Grund halten wir heute alle ganz eng zusammen.
>
> Monty Hall, Showmaster

2. Teilen Sie die Schwerpunkte und die Handlungen in Ihrem Plan für ein ausgeglichenes Lebens mit anderen Menschen.

Denken ... Es ist ein Fehler anzunehmen, Sie wüßten, welche Schwerpunkte Ihre Kinder oder Ihr Partner setzen. Fragen Sie: „Stimmen meine Schwerpunkte mit euren überein?“ Und selbst wenn Sie noch vor einem Jahr wußten, welche Prioritäten andere gesetzt haben: Wenn die Menschen innerlich wachsen, ändern sie auch ihre Schwerpunkte. Daher sollten Sie Ihre Pläne für ein ausgeglichenes Leben regelmäßig auf den neuesten Stand bringen und mit den Personen besprechen, die Ihnen nahestehen.

Handeln ... Lassen Sie sich von anderen an Ihre Pläne erinnern. Wenn Sie Ihrer Familie einen Wochenendausflug versprochen haben, wird sie schon dafür sorgen, daß Sie Ihr Versprechen nicht vergessen. Es ist gut, jemanden zu haben, der uns an unsere Pläne für ein ausgeglichenes Leben erinnert.

3. *Im Falle von Anforderungen und Aktivitäten, die im Konflikt mit Ihren Plänen stehen, sagen Sie „nein“.*

> Ich bin bestens organisiert und ich lege meine Schwerpunkte fest. Ich passe alles Wichtige genau ein: Freunde, Ehemann, Beruf, Sex, Familie ...Ebenso verfahre ich mit den weniger wichtigen Dingen, um die ich mich kümmern muß: Haushalt, Weihnachtsgeschenke für Freunde, Zahnarzt, Friseur – alle kriegen ihre Termine. Da ich mir nicht viel aus Sport mache – meine Arbeit ist mein Sport –, brauche ich mich um Tennis, Sonnenbäder, Bergsteigen oder Volleyball nicht zu kümmern. Für jede Menge Dinge, zu denen mich die Leute bringen wollen, habe ich einfach keine Zeit mehr. Gnadenlos sage ich da „nein“. Sich zu organisieren und Schwerpunkte zu setzen sind die obersten zwei Gebote für ein ausgeglichenes Leben.
>
> Helen Gurley Brown, Magazin *Cosmopolitan*

Denken ... Sie über diese Aussage nach. Wir können das Gleichgewicht in unserem Leben ganz schnell verlieren, wenn wir uns nicht zur Selbstbeobachtung zwingen. Versuchen Sie nur nicht, anderen zu gefallen, wenn es Ihnen nicht paßt.

Handeln ... Sie sollten jeden Angriff auf Ihr Zeitkonto im Lichte dieser Aussagen prüfen: Stehen die Aufwendungen im Einklang mit Ihren persönlichen Zielen und Ihrem Plan für ein ausgewogenes Leben?

4. Seien Sie sich der Verwundungen im Leben ständig bewußt.

Denken ... Sie darüber nach, welch mächtige negative Kraft die Erfolgsschere sein kann, vor allem bei Menschen, die erfolgreich und leistungsorientiert sind. Diese Kraft wartet nur darauf, das Lebensgleichgewicht zu zerstören.

Wir meinen, die wertvollsten Dinge im Leben wie Gesundheit, eine Familie, Freunde, Abendspaziergänge und ein erfolgreicher Beruf seien uns garantiert. Immer wieder Bilanz zu ziehen und achtsam zu sein erweist sich nicht nur als ein gutes Fundament, sondern vermittelt uns auch die richtige Haltung, um erfolgreich Probleme zu bewältigen.

> Die Erinnerung daran, wer wir sind und was wir werden, rührt von unserer Kindheit her. Wir können mit unseren Augen nicht erkennen, was wirklich wichtig ist. Es ist ein einzigartiger Weg der Liebe, an den großen Schöpfer des Universums zu glauben, der sich um jeden von uns sorgt.
>
> Fred Rogers

Handeln ... Nehmen Sie sich jeden Tag ein Quentchen Zeit, um über jemanden oder etwas nachzudenken, dem Sie dankbar sind. Um zu vermeiden, daß Sie das Gute vergessen, schreiben Sie es in Ihren Kalender, Ihr Tagebuch oder in ein Heft.

5. Helfen Sie weniger glücklichen Menschen.

Denken ... Sie einmal an die Welt jenseits Ihres Heimes oder der Bürowände. Stellen Sie sich Ihren Platz im Universum und nicht auf der Karriereleiter vor. Überlegen Sie sich, was Sie mit anderen teilen und was andere mit Ihnen gemeinsam haben.

Handeln … Helfen Sie weniger glücklichen Menschen. Es gibt so viele von ihnen, und Sie werden erstaunt sein, welch positive Wirkung diese Hilfe auch auf Sie ausübt.

> Der Besuch eines Krankenhauses oder eines Waisenhauses versöhnt mich wieder mit meinen Problemen. Mit Gottes Hilfe werde ich sie lösen. Wenn ich niedergeschlagen bin, hilft mir das wieder auf die Füße.
>
> Lou Holtz, ehemaliger Sportchef
> der Universität von Notre Dame

Diese Taten unterstützen auch den eben angesprochenen Punkt 4 unseres Planes. Wir alle spenden karitativen Organisationen, aber persönlich Hilfeleistungen zu erbringen und damit andere Menschen auch zu erreichen vermittelt ein besonderes Gefühl der Freude.

6. *Leben Sie nach Ihren Möglichkeiten und verringern Sie so Ihre finanziellen Sorgen.*

Denken … Sie einmal daran, wie einfach es heute ist, mit Kreditkarten, Kleinkrediten oder gespartem Vermögen Dinge zu kaufen und zu ersetzen. Wer aber zitternd Monat für Monat auf seine Gehaltsabrechnung wartet, erfährt nicht nur große finanzielle Unsicherheit, sondern baut auch spannungsreiche Beziehungen auf. Und beides sorgt für ein gefährliches Ungleichgewicht im Leben.

> Es war mein erster Job, und mir wurde bereits nach drei Monaten gekündigt. Ich hatte große finanzielle Sorgen, aber glücklicherweise konnte ich innerhalb eines Monats eine neue Arbeit finden. Aber seit dieser Zeit habe ich eisern gespart und so viel Geld auf die hohe Kante gelegt, daß ich mir die Lebenshaltung für mindestens ein Jahr leisten kann. Ich erinnere mich an einen Freund, dem nicht nur gekündigt wurde, sondern dem auch binnen kurzer Zeit die Frau weglief. Für sie war der wachsende

> Stapel an Rechnungen ohne gesichertes Einkommen einfach zuviel Streß.
>
> Madan Birla

Handeln ... Treffen Sie eine Auswahl. Besprechen Sie Ihre Entscheidung und lehren Sie Ihre Kinder, ebenfalls auszuwählen. Ein Beispiel: Wir können zweimal die Woche essen gehen, oder wir kochen zu Hause und können mit dem gesparten Geld einen schon lange geplanten Ausflug unternehmen.

7. Bedienen Sie sich des Kreises in unserem Modell, um sich an einen ausgeglichenen Lebensstil zu erinnern, ihn beizubehalten und schwierige Situationen zu meistern.

Denken ... Sie über Ihr ganzes Leben nach und nicht nur über Ihre Arbeit.

> Mittelpunkte meines Leben sind meine Tochter und meine Frau. Aus ihrer Liebe und ihrer Wertschätzung beziehe ich meine Stärke und die Begeisterung für meine Arbeit. Ich halte dann mein Leben im Gleichgewicht, wenn ich meine Familie an die erste Stelle rücke. Alles andere kommt danach.
>
> Bill Clinton

Handeln ... Etwa zweimal im Jahr sollten Sie den Kreis mit Ihren Bedürfnissen für ein ausgeglichenes Leben auf ein Blatt Papier zeichnen. Schauen Sie sich die einzelnen Anteile genau an und stellen Sie auf diese Weise sicher, daß Ihr gegenwärtiger Lebensstil das Leben in seiner ganzen Fülle feiert.

8. Eine Übung mit Karteikarten: So können Sie alle Beziehungen verbessern.

Denken ... Sie einmal darüber nach, mit welcher Selbstverständlichkeit Sie voraussetzen, daß Ihre Familie, Ihre Freunde und Kollegen von allein wissen, was Sie an ihnen schätzen. Wie oft gehen Komplimente in unserer hektischen Zeit verloren, oder wir vergessen sie einfach.

Handeln ... Setzen Sie sich mit Ihrer Familie oder Ihren Mitarbeitern zusammen und geben Sie jedem ein Blatt Papier sowie einen Stift. Bitten Sie alle, den folgenden Satz zu vervollständigen: „Ich mag Dich beziehungsweise ich schätze Sie wegen ..." Auch Sie sollten sich daran beteiligen. Wenn alle fertig sind, werden die Komplimente laut vorgelesen. So bekommt jeder viele Nettigkeiten zu hören.

Sie können sich die Ihnen gewidmeten Komplimente auch auf eine kleine Karteikarte schreiben, die Sie dann in der Brieftasche mit sich führen. Auf diese Weise halten Sie die Komplimente immer griffbereit, wenn Sie eine Aufmunterung brauchen.

9. Teilen Sie Erfahrungen miteinander und nicht nur Gegenstände.

Denken ... Sie einmal daran, wann Sie das letzte Mal eine wichtige Erfahrung mit jemandem, der Ihnen nahestand, geteilt haben. Geschenke, und das sollten Sie sich merken, sind kein Ersatz für geteilte Erfahrungen.

> Sie wollen wissen, wie ich mein persönliches Leben mit dem Beruf in Einklang bringe. Dazu muß ich Ihnen sagen, daß die Zeit mit meiner Familie für mich lebenswichtig ist. Auch wenn es manchmal schwerfällt, versuche ich, soviel Zeit wie möglich mit meiner Frau und meinen beiden Töchtern zu verbringen. Und egal, wie mein Terminkalender aussieht – Geburtstage und Ferien mit der Familie sind ein absolutes Muß.
>
> Tom Harkins, US-Senator

Bei einem Flug von Memphis nach Las Vegas vor einigen Jahren saß der Autor neben einem Hochschullehrer. Er und seine Familie waren auf der Rückkehr von der Weltausstellung in New Orleans. Wir unterhielten uns über Fragen des ausgeglichenen Lebensstils, und er teilte mir seine Ansichten darüber mit:

„Meine Tochter ist auf dem Gymnasium, und wir versuchen, als Familie so viel auf die Reihe zu bringen, wie eben geht. Damit ich mir von meinem Gehalt solche Ausflüge leisten kann, fahren wir ein altes Auto, das wir ständig reparieren lassen. Für mich ist es wichtiger, Erlebnisse zu teilen, als Gegenstände."

Handeln … Werfen Sie einen Blick in Ihren Kalender: Kommt jedes Familienmitglied wenigstens einmal im Monat namentlich vor? Mehr Zeit für Kinder – diese Maxime sollten Sie sich merken: Lesen Sie Ihrer Tochter aus einem Buch vor oder schauen Sie sich an, welche Kunststücke Ihr Sohn auf den Inline Skates vollbringt. So teilen Sie Erlebnisse mit ihnen.

10. Aber wenn es nun zehn Jahre dauert, bis Sie etwas beherrschen, an dem ihnen so viel liegt?

Denken … Stellen Sie sich vor, Sie würden einen Kilometer laufen, indem Sie immer nur schrittweise vorwärtsgehen und dann wieder stehenbleiben. Wie häufig hören Sie im Laufe eines Jahres Sätze wie „Oh, wenn ich nur das könnte", oder „Was ich wirklich gern tun würde, wäre …"?

In einem unserer Seminare lautete die Antwort auf solche Fragen: „Fangen Sie sofort damit an, dann sind Sie in zwei Jahren dort, wo Sie hinwollen." Denn sonst werden Sie sich noch in einem Jahr oder in zwei Jahren beklagen, was Sie alles nicht können. Aber so viel Geduld aufzubringen ist schwierig in einer Zeit, in der sofortige Bedürfnisbefriedigung absolute Priorität einnimmt. Aber mittlerweile werden wir immer älter – unsere durchschnittliche Lebenserwartung beträgt heute etwa siebzig Jahre –, und in einer solchen Zeitspanne ist Raum genug für mehr als eine Karriere.

So sind die Grundlagen zu diesem Buch bereits vor zehn Jahren geschaffen worden, als einer der Autoren als Manager arbeitete und gleichzeitig ein Beratungsseminar erarbeitete. Natürlich können wir nicht vorhersehen, welche Entwicklung das Leben in den kommenden zehn Jahren nehmen wird, aber wenn wir jetzt beginnen, haben wir gute Chancen, unsere Ziele auch zu erreichen. Vor allem unsere Vorstellungen zur Selbstverwirklichung sind besondere Anstrengungen wert, weil wir auf dem Weg dorthin uns selbst erfahren und feiern können.

Handeln ... Arbeiten Sie an einem kleinen Schritt hin zu Ihren Lebenszielen – und vollführen Sie ihn gleich heute.

11. Lassen Sie Ihrer spirituellen Entwicklung Zeit und geben Sie Ihr Ausdruck.

Denken ... Sie über Ihre Wertvorstellungen nach. Vielleicht umfaßt Ihre Spiritualität Gebete, Meditation, Naturerlebnisse oder anderes. Glauben Sie nur ja nicht, daß spirituelles Erleben ausschließlich für Kirchenmitglieder oder religiöse Gemeinschaften reserviert ist. Spiritualität ist Teil jeder menschlichen Existenz. Erst wenn alle Teile vorhanden sind, ist das Leben eine Ganzheit – fehlt ein Teil, so entsteht ein Vakuum.

> Wer ein gutes Gleichgewicht in seinem Leben aufrechterhalten will, der sollte zu allen Zeiten einen hohen Maßstab an seine moralischen Werte legen. Er sollte die Familie respektieren, sich einer Kirchengemeinde anschließen, Freude an seiner Arbeit haben und sich in die Gemeinschaft einbringen.
>
> Sam Walton

Handeln ... Suchen Sie nach anderen Menschen, mit denen Sie Ihre Wertvorstellungen teilen und mit denen Sie darüber reden können. Setzen Sie Ihre Wertmaßstäbe in die Praxis um. Achten Sie auf die Wertvorstellungen, die Sie in Ihrem Kalender und in Ihrem Scheckheft wiederfinden.

12. Genießen Sie den Augenblick: Was Spaß macht, wird heute getan.

Denken … Sie über die folgenden Äußerungen nach. Ein Teilnehmer eines unserer Seminare hat sie im nachhinein gemacht: „Eine einzelne Blume fällt einem noch nicht auf. Sind es aber viele, so können Sie eine ganze Wiese in Farben tauchen. Viele kleine Freuden und Belohnungen vermögen zusammengenommen sehr wohl Erfüllung zu bringen."

Handeln … Schmieden Sie Pläne, die Sie mit anderen teilen.

So ist es in unserer Familie selbstverständlich, mindestens einmal in der Woche etwas gemeinsam zu unternehmen. Wir schauen uns einen Film an, machen Spiele, gehen alle miteinander aus oder picknicken zusammen. Unser Sohn ist ein Teenager, und er versucht immer, sich solchen Aktivitäten zu entziehen. Aber selbst er hat uns im vergangenen Sommer daran erinnert, doch unser Familien-Theaterabonnement zu erneuern.

Madan Birla

13. Behalten Sie Ihre Lebensvorstellungen und Ihre Schwerpunkte immer im Auge.

Ich konnte auf eine 25jährige Erfahrung im Direktmarketing zurückblicken, bevor ich Mary Kay Cosmetics gründete. Bei meiner Arbeit mit Frauen hatte ich gelernt, daß ihre Gesichter und ihre Familien die wichtigsten Dinge in ihrem Leben waren und noch vor ihren Berufen rangierten. Als ich dann 1963 in den Ruhestand ging, beschloß ich, eine eigene Firma zu gründen. So hoffte ich, Frauen eine Arbeitsumgebung zu verschaffen, die es ihnen ermöglichte, ihre Prioritäten in der richtigen Reihenfolge auszurichten. Die Philosophie unseres Unternehmens lautete damals wie heute: „Zuerst Gott, dann die Familie und dann der Beruf." Unsere Schönheitsberaterinnen arbeiten nur so lange, wie sie es sich selbst zutrauen. Unser Mitarbeiterumsatz ist auf eine Viertelmillion gestiegen, und wir haben mehr Frauen, die über 50 000 beziehungsweise 100 000 Dollar verdienen, als jede andere Firma in den Vereinigten Staaten.

> Sogar unseren Spitzenkräften gelingt es, ihr Leben im Gleichgewicht halten.
>
> Mary Kay Ash, Gründerin von Mary Kay Cosmetics

14. Entwickeln und nutzen Sie Ihren Glauben.

Denken … Stellen Sie sich vor, wie der Glaube Ihnen eine Grundlage für Zuversicht und Optimismus im Leben liefert. Wenn man mit gleichartigen Talenten ausgestattete Optimisten und Pessimisten vergleicht, werden Optimisten besser abschneiden.

> Alles, was ich gesehen habe, lehrt mich, dem Schöpfer alles zu glauben, was ich nicht gesehen habe.
>
> Ralph Waldo Emerson, amerikanischer Essayist des 19. Jahrhunderts

Handeln … Unterscheiden Sie zwischen Dingen, die Sie kontrollieren können, und Dingen, die sich Ihrer Kontrolle entziehen. Vielleicht finden Sie es hilfreich, Ihre Sorgen einmal schriftlich aufzulisten und nun in solche aufzuteilen, die Sie beeinflussen können, und solche, die Sie nicht zu kontrollieren vermögen. Was nicht in Ihrer Macht steht, können Sie beruhigt Ihrem Glauben und Ihrer Spiritualität überlassen.

15. Sprechen Sie über Ihre Sorgen.

Denken … Sie darüber nach, wie sehr uns mangelnde Zeit und Energie davon abhalten, ein ausgeglichenes Leben zu führen. Sowohl Zeit als auch Energie sind persönliche Hilfsmittel. Sorgen können im Vergleich zu körperlicher Anstrengung wesentlich mehr Energie kosten.

Handeln … Sie sollten persönliche Probleme anerkennen. Wer immer auf seine Unabhängigkeit gepocht hat, dem wird das schwerfallen. Aber das Gespräch mit einem Freund oder einem Verwandten kann manches wieder ins rechte

Licht rücken. Und vor allem Männer sollten sich davor hüten, keinerlei Selbstzweifel zuzulassen.

16. Vermeiden Sie den Umgang mit nervenden und über die Maßen wettbewerbsorientierten Menschen.

Denken … Sie darüber nach, wie oft wir unsere Kinder vor dem Umgang mit schlechter Gesellschaft ermahnen, weil wir fürchten, sie könnten negativ beeinflußt werden und mit Drogen, Alkohol oder Gewalttätigkeiten in Berührung kommen.

Aber vor diesem Umgang bleiben selbst wir Erwachsenen nicht verschont. Wettbewerbsorientierte Menschen wollen immer gewinnen: bei der Arbeit und im Spiel. Wer ständig bereit ist, sich mit allem und jedem zu messen, wird keine persönlichen Beziehungen aufbauen können.

Handeln … Achten Sie auf Ihr persönliches Barometer. Es zeigt Ihnen an, ob der Umgang, den Sie pflegen, Ihr Leben bereichert oder ihm schadet. Das ist beispielsweise dann der Fall, wenn Sie müde und niedergeschlagen von einem zunächst netten Abend mit Freunden nach Hause kommen, weil plötzlich soziale Fragen hitzig und persönlich diskutiert wurden. Daher sollten Sie den Kontakt mit Personen einschränken, die sie auslaugen, anspannen oder nerven.

17. Nehmen Sie sich Zeit, um mit sich selbst über das Lernen vom Leben, dem größten Lehrer, zu sprechen.

Denken … Erinnern Sie sich noch, wie die Psychologen einst sagten, wer mit sich selbst rede, mit dem stimmt etwas nicht? Heute wissen wir, wie wichtig ein inneres Zwiegespräch ist, um mit uns selbst in Kontakt zu bleiben.

Handeln … Fragen Sie sich, ob Sie vom Leben bekommen, was Sie wollen. Dazu gehören auch die bislang unbekannten Bedürfnisse aus den verschiedenen Ebenen des

Selbst. Ein solches Selbstgespräch fordert von uns, von Zeit zu Zeit still zu sein, damit unsere innere Stimme den äußeren und inneren Lärm übertönen kann.

18. Verwöhnen Sie sich selbst.

Denken ... Stellen Sie sich vor, wie es Ihnen geht, wenn Sie sich Zeit für sich selbst gönnen – und wenn es nur ein paar Minuten sind. Denken Sie über das folgende Gespräch mit der Frau eines erfolgreichen Geschäftsmannes nach:

> Wenn ich die Kinder in die Schule gebracht habe, gehe ich zum Arbeiten in das Büro meines Mannes. Ich koche, putze und bringe die Kinder zu Bett. Am Wochenende gibt es Fußballspiele, und ich muß einkaufen ... Für mich selbst bleibt keine Zeit übrig.
>
> F: Und wie geht es Ihnen damit?
> A: Zeitweilig bin ich ziemlich sauer.
> F: Sind Sie verträglicher, wenn Sie sich nicht ärgern?
> A: Natürlich bin ich das.

Handeln ... Tragen Sie in Ihren Kalender Zeit für sich selbst ein und nehmen Sie sich selbst wichtig.

19. Delegieren und Vertrauen

Denken ... Sie darüber nach, warum das Delegieren eine der wichtigsten Fertigkeiten eines erfolgreichen Managers ist. In Wirklichkeit lassen die Manager immer noch viel zuwenig von Mitarbeitern erledigen und übernehmen sich viel zu sehr. Der Tag hat nur 24 Stunden, und so werden die zusätzlichen Überstunden zu Lasten der Freizeit, des Selbstwertgefühls und der Familie geopfert.

Handeln ... Bei der Arbeit sollten Sie Aufgaben übertragen. Das ist nicht nur eine der Voraussetzungen für ein ausgeglichenes Leben, sondern es ist auch gutes Management.

Es ist ein jahrelanger Prozeß, in dem man lernt, etwas zu delegieren und zu sehen, was dabei herauskommt, um dann mehr zu delegieren und wieder zu beobachten, welche Ergebnisse das bringt. So baut man ein gutes Team auf, in dem man nicht versucht, die Arbeit der anderen zu übernehmen, weil sie nicht versuchen, deine Arbeit zu machen. Wenn du ihren Fähigkeiten, den Job richtig zu machen, nicht vertraust, dann sollten diese Leute nicht auf diesen Stellen sitzen.

Vor einigen Wochen hat mir jemand während einer Diskussion eine Frage gestellt. Wir redeten ein bißchen darüber, was wir täten, um das Leben lebenswert zu machen – für wen wir arbeiten, was unsere Arbeit ist und dergleichen mehr. Da fragten sie mich, wie ich es schaffe, ganz oben zu bleiben. Ich hätte die Verantwortung für 90 000 Mitarbeiter … bla, bla, bla, bla … Wie ich nachts noch ruhig schlafen könne?

Daraufhin antwortete ich: „Ich schlafe wie ein Baby." Sie schauten mich ganz ungläubig an, und ich wiederholte, daß ich wunderbar schlafen würde. Dann erklärte ich Ihnen: „Die stellvertretenden Geschäftsführer in unserer Firma – und da kann ich jetzt nur für unseren Konzern sprechen, obwohl es bei anderen Firmen nicht anders sein dürfte – sind erste Klasse. Sie haben einen schrecklichen Job, dennoch brauche ich mir an keinem Tag Sorgen darüber zu machen, was die draußen tun, um die Preise zu erhöhen. Ich weiß, die sind ziemlich aktiv, treffen die richtigen Entscheidungen, und alles klappt bestens – und deshalb beschäftige ich mich damit nicht. Ich schlafe wirklich wie ein Baby.

Wenn ich in Berichten oder während der Konferenzen eine Entwicklung sehe, die mich besorgt macht, greife ich zum Telefon und frage, was los ist. Dann will ich wissen, was vorgeht. Aber ganz offen: Das geschieht nur sehr selten und in großen Abständen.

Bill Razzouk, Geschäftsführer von Federal Express

Handeln … Delegieren Sie auch zu Hause Aufgaben. Das ist nicht nur gut für ein ausgeglichenes Leben, sondern auch für das familiäre Zusammenleben.

Ein Arzt mit einer gutgehenden Praxis und Vater von vier Kindern kommentierte den Zustand der Zimmer seines Nachwuchses mit den folgenden Worten: „Natürlich räumen sie ihre Zimmer nicht annähernd so gut auf, wie ich das täte. Aber sie lernen dabei, Verantwortung zu übernehmen, und ich verbringe meine wertvolle Familienzeit nicht damit, Spielzeug wegzuräumen."

20. Ihr Wochenplan muß Zeiten enthalten, die nur für Sie und Ihre/n Partner/in reserviert sind.

Zu Beginn meiner Ehe haben meine Frau und ich eine Übereinkunft getroffen: Wir „treffen" uns jede Woche zu einer abendlichen Verabredung. Die Montagabende sind für sie reserviert. Als die Kinder noch klein waren, ließen wir für sie einen Babysitter kommen. Jetzt sind alle fünf Kinder groß und verheiratet und haben die abendlichen Verabredungen ebenfalls in ihr Leben eingebaut.

Robert Schuller

21. Bringen Sie die Dinge in eine Reihenfolge.

Denken ... Fragen Sie sich, was Sie in Ihrem Leben erreichen wollen. Alle diese Vorhaben werden Sie sicher nicht gleichzeitig verwirklichen können, aber im Laufe Ihres Lebens wird Ihnen dies sicherlich mit den meisten gelingen.

Gleichzeitig allen Dingen oberste Priorität zu geben ist unmöglich. Aber die meisten Menschen finden es nicht besonders reizvoll, zwischen Beruf und Familie zu wählen. Aus diesem Dilemma gibt es einen Ausweg und der heißt, seine Prioritäten sinnvoll zu ordnen:

- Um mehr Zeit für Ihre Karriere zu haben, können Sie die Familiengründung etwas zurückstellen.
- Sie können ihre Karriereplanung etwas reduzieren, solange die Kinder klein sind.
- Machen Sie einige Überstunden, damit Sie ein verlängertes Wochenende nehmen können.

- Während Zeiten der Spitzenbelastung in der Arbeit können Sie die Haushaltshilfe aufstocken.
- Verringern Sie Ihre Ausgaben, um Überstunden zu vermeiden und so mehr Zeit für die Familie zu haben.
- Kaufen Sie sich eine Eigentumswohnung und behalten dafür ihr altes Auto.
- Verbringen Sie die diesjährigen Ferien daheim, um sich mit dem so ersparten Geld einen ausgedehnten Urlaub im nächsten Jahr zu gönnen.

Vor allem für Frauen ist es besonders wichtig, ihre Prioritäten zu ordnen, denn sie fühlen sich schnell ständig zwischen Heim und Beruf hin- und hergerissen.

> Zu Beginn meiner Karriere träumte ich von einem Haus, einem akademischen Titel, einem teuren Auto und einem Kind. Zuerst schafften wir das Auto an – solch einen teuren Wagen konnten wir uns mit zwei Gehältern ohne Kinder leisten. Dann promovierte ich – mit einer Unterbrechung, denn in der Zwischenzeit bekam ich unser erstes Kind. Als ich meinen Doktor gemacht hatte, mußte unser Wagen daran glauben. Er wurde durch ein abzuzahlendes Studiendarlehen und eine günstige Familienkutsche ersetzt. Das Haus und ein weiteres Kind kamen erst später. Im Rückblick ist alles gutgegangen, auch wenn ich nicht alles gleichzeitig verwirklichen konnte.
>
> Cecilia Marshall

Handeln … Halten Sie sich immer gegenwärtig, was Ihnen wirklich wichtig ist. Falls nötig, schreiben Sie es auf. Prüfen Sie regelmäßig, ob die Liste noch stimmt, und ändern Sie sie, falls nötig.

22. Machen Sie es sich zur Gewohnheit, spontan verlängerte Wochenenden zu nehmen.

Denken … Sie daran: Um Beziehungen lebendig zu halten, ist Einfallsreichtum gefragt.

Handeln ... Finden Sie Ausflugsziele in Ihrer Stadt oder im näheren Umkreis. Lassen Sie sich etwas einfallen.

23. Auch die Bedürfnisse der Menschen in Ihrem Leben sind einem stetigen Wechsel unterworfen. Nutzen Sie unser Modell, um solche Bedürfnisse herauszufinden und sich darauf einzustellen.

Denken ... Sie darüber nach, daß die ganze Natur nach Wachstum strebt. Ein Baum, der nicht mehr wächst, ist tot.

Genau wie Sie hat jedes Familienmitglied vier grundlegende Bedürfnisse. Aber wie diese sich zusammensetzen und was sie beinhalten, das wird sich immer wieder verändern. Eine Fünfjährige hat beispielsweise in ihrem Anerkennungs-Selbst das Bedürfnis nach ständiger Versicherung ihrer Eltern, daß sie ihnen wichtig ist. Im Teenageralter wechseln dann die Rollen, und man will wichtig für die Gleichaltrigen sein. Teenager wollen das Leben ihrer Eltern im Grunde genommen nicht negativ beeinträchtigen. Aber der Rollenwechsel in ihren Bedürfnissen führt oft zu schmerzhaften Konflikten mit den Eltern, die sich oftmals mit den Veränderungen im Leben ihrer Kinder nicht abfinden können.

Handeln ... Achten Sie auf die Bedürfnisse nach einem ausgeglichenen Leben bei anderen Familienmitgliedern. Reden Sie darüber, wie Sie das innere Wachstum der anderen fördern und an ihm teilhaben können. Fühlen Sie sich dadurch nicht angegriffen.

24. Belohnen Sie sich für Ihr ausgeglichenes Leben, weil es sonst niemand tut.

Denken ... Sie darüber nach, wie sehr ein Leben im Gleichgewicht Sie belohnt und auch stabilisiert. Ihre Umgebung und die Medien drängen Sie dazu, ein unausgeglichenes Leben zu führen. Durch Belohnungen stärken wir unser Innerstes und lassen uns durch die von außen auf uns einwirkenden negativen Kräfte nicht so sehr beeinflussen.

Handeln ... Es gibt viele Möglichkeiten, sich selbst zu belohnen: Lesen Sie Bücher, gehen Sie ins Kino, spielen Sie Schach, besuchen Sie ein Konzert oder eine spirituelle Veranstaltung. Treffen Sie sich mit Menschen, die Ihre Wertvorstellungen teilen, und geben Sie sich gegenseitig positive Rückmeldung. Lesen Sie Bücher, die Ihre Wertvorstellungen und spirituellen Anliegen unterstützen und intensivieren.

25. Überprüfen Sie Ihre Ziele.

Denken ... Sie darüber nach, ob Sie von unrealistischen beruflichen oder materiellen Wunschvorstellungen geplagt werden. Ist das so, dann sollten Sie Ihre Ziele überprüfen und sie durch wirklichkeitsnahe und realisierbare Vorstellungen ersetzen.

Je höher man die Karriereleiter erklimmt, desto dünner wird die Luft, das ist die Wirklichkeit in unseren Unternehmen. Vielleicht haben Sie ja die Fähigkeiten und den Wunsch, Geschäftsführer oder stellvertretender Geschäftsführer eines Unternehmens zu werden, aber wenn die derzeitigen Stelleninhaber ihren Platz nicht räumen, ist dieses Ziel eben unerreichbar.

Unser Kreismodell erinnert uns daran, den Beruf lediglich als einen Teil eines mehrdimensionalen Lebens zu sehen. Das Gegenstück dazu wäre, sein Leben nur durch den Beruf bestimmen zu lassen. Solange sie als motivierende Quellen betrachtet werden, sind Ziele wunderbar. Wenn aber die Wirklichkeit allzu hohe Barrieren errichtet und die Ziele unerreichbar werden, dann müssen wir einen Schritt zurücktreten und die Situation neu bewerten.

An einem kürzlich abgehaltenen Seminar zum Thema Beruf und Familie nahmen viele Familienberater teil. Sie berichteten, daß sie von immer mehr Menschen aufgesucht werden, die unter gesundheitsgefährdenden Auswirkungen von selbsterzeugtem Druck litten, weil sie sich ständig einredeten, sie würden alles schon „schaffen“. Oft handelt es sich dabei um Menschen, die in den Augen anderer durchaus erfolgreich sind, jedoch ihre eigenen hochgesteckten Pläne noch nicht verwirklichen konnten.

Handeln … Bewahren Sie Ihren Sinn für Maß und Ziel. Dazu können Sie unser Kreismodell benutzen.

26. Schaffen Sie sich in Ihrem Heim eine Rückzugsmöglichkeit: einen Garten, Hobbykeller, ein Arbeitszimmer usw.

Denken … Sie an das menschliche Bedürfnis, dem Druck, immer „jemand zu sein“, auszuweichen. Das Wort „regenerieren“ bedeutet tatsächlich, die volle Arbeitskraft wiederzuerlangen. Und so fühlen wir uns auch, wenn wir erfrischt unserem Hobby nachgehen, kreativ sind, eine neue Anregung bekommen haben oder einfach das Tempo wechseln.

> Bei der Restaurierung alter Möbelstücke wird man richtig dreckig. Für mich ist das die größte Erholung – etwas in Händen zu halten, was man selbst geschaffen hat.
>
> Lynn Martin, ehemaliger US-Arbeitminister

> Handeln … Es gibt nichts Gutes, außer man tut es!
>
> Erich Kästner

27. Nehmen Sie Ihren Urlaub voll in Anspruch.

Häufig ist in unseren Firmen der Satz „Ich habe schon seit vielen Jahren nicht mehr richtig Urlaub gemacht“ zu hören. Dabei denken viele, sie würden ihrer Betriebsleitung einen Gefallen tun, indem sie auf die ihnen zustehenden Ferien verzichten. Die Wahrheit aber ist, daß der Firma die schöpferische Leistung des Mitarbeiters weitgehend verlorengeht. Den Ferien kommt eine wichtige Rolle zu. Die Auszeit vom Betrieb lädt nicht nur die leer gewordenen Batterien wieder auf, sondern vertreibt auch die Spinnweben vor den Augen, damit kreative Einfälle wieder sichtbar werden.

Außerdem sind Ferien mit der Familie und mit Freunden hervorragend geeignet, um gemeinsame Erfahrungen zu teilen. Und Sie müssen auch nicht alle Urlaubstage für ausgedehnte Reisen nutzen.

> Ich habe vier Wochen Urlaub, von denen zwei Wochen als Familienausflüge außerhalb der Stadt verplant sind. Die anderen beiden Wochen verbrauche ich mit einem oder zwei Tagen je nach Bedarf. Einige Tage nehme ich, wenn die Schule an sogenannten Brückentagen geschlossen hat. Meine Frau hat gerade eine neue Stelle angetreten, und ihr steht noch nicht so viel Urlaub zu. An solchen Tagen plane ich dann mit meiner Tochter und ihren Freunden einen Tag in der Stadt ein. Das letzte Mal sind wir zuerst Pizza essen gegangen und dann zum Bowling. Diese Mädchen kenne ich, seit sie zwei Jahre alt sind. Es ist die reine Freude, mit anzusehen, wie aufgeweckt und interessiert diese jungen Damen geworden sind. Aber das bekommt man nur mit, wenn man mit ihnen zusammen ist und zuhört und sie beobachtet.
>
> Außerdem gibt es auch Urlaubstage, die ich nur in Bibliotheken verbringe, um mich ein wenig weiterzubilden.
>
> Madan Birla

Denken … Sie darüber nach, wie sehr Sie diese Urlaubstage verdient haben. Es sind Ihre. Also nehmen Sie sie auch in Anspruch – und wenn nur in Form von Eintagestrips.

Handeln … Nutzen Sie diese Tage, um sie mit Ihren Liebsten zu teilen. Nutzen Sie sie, um all die Dinge zu tun, die Sie gerne mögen und für die Sie keine Zeit finden – selbst wenn das für Sie bedeutet, einmal nichts zu tun.

28. Werfen Sie im Büro ab und an einen Blick auf die Fotos Ihrer Angehörigen.

Auch hierzulande ist es mittlerweile ein beliebter Brauch, ein Bild seiner Familie auf den Schreibtisch zu stellen. Denn viel freie Zeit für unsere Angehörigen bleibt uns meist nicht, weil wir ständig bestrebt sind, den Eingangskorb zu leeren.

Und manchmal vergessen wir dabei, für wen wir eigentlich tagein, tagaus so hart arbeiten. Die Zeit vergeht wie im Fluge, wenn wir so beschäftigt sind.

Und ehe wir uns versehen, hat sich der kleine Junge scheinbar über Nacht zu einem großen Teenager gemausert. Deshalb brauchen wir ein Erinnerungsstück, das uns ständig vor Augen führt, für was wir jetzt und heute Zeit brauchen. Später ist vielleicht zu spät.

Das Familienbild in unserem Büro erinnert uns, wie schnell die Kinder heranwachsen. Und es macht uns klar, daß wir wichtige Ereignisse in ihrem Leben teilen und ihnen dabei zur Seite stehen müssen, bevor sie alle erwachsen sind.

Handeln ... Halten Sie inne und schauen Sie auf das Familienfoto. Bemerken Sie, wie schnell Ihre Kinder heranwachsen? Wenn Sie regelmäßig daran denken, wird es Ihnen nicht schwerfallen, das Büro hin und wieder zwei Stunden früher zu verlassen, um der Schulaufführung Ihres Sohnes oder dem Klavierspiel Ihrer Tochter beizuwohnen.

29. Verabschieden Sie sich von Ihrem Sauberkeitsdenken.

Die allermeisten Familien mit zwei Einkommen erreichen heute einen Standard in der Mittelklasse. Arbeit, Kindererziehung und Haushalt lassen kaum Zeit und Energie für andere Dinge. Wenn es Ihnen auch so geht, dann tun Sie gut daran, sich von Ihrem Sauberkeitsdenken zu verabschieden. Ein „klinisch reiner“ Haushalt kostet Sie nämlich sehr viel Energie und verbraucht zudem jede Menge wertvoller Zeit.

Handeln ... Reduzieren Sie Ihren Sauberkeitsstandard und nutzen Sie die wenige freie Zeit, um einen Spaziergang (Freizeit) zu unternehmen, mit einem Freund/einer Freundin einen neuen Film anzusehen (Zugehörigkeitsgefühl), ein Buch zur Hand zu nehmen, das Sie schon immer lesen wollten (Freizeit, Entspannung), oder mit den Kindern zu spielen (Freizeit, Liebe).

30. Nutzen Sie die Fahrzeit von und zur Arbeit, um sich auf das Wesentliche zu konzentrieren.

Es gibt eine ganz einfache Methode, wie Sie die tägliche, aus dem Büro nach Hause mitgenommene Arbeitsmenge auf null reduzieren können: Erledigen Sie alles im Betrieb. Auf dem Weg zur Arbeit können Sie also zunächst im Geiste eine Liste Ihrer anstehenden Aufgaben erstellen. Aber Sie können zusätzlich auch darüber nachdenken, womit Sie Ihre Zeit nicht mehr verschwenden wollen – all die unwichtigen Dinge.

Auf dem Heimweg können Sie sich dann darauf einstimmen, was Ihnen wichtig ist, wenn Sie nach Hause kommen. Öffnen Sie die Tür mit einem Lächeln und erinnern Sie sich, was Sie alles richtig gemacht haben. Das ist besser, als sich vorzustellen, was Sie alles besser gemacht haben könnten. Und denken Sie daran: Jedes Familienmitglied hat bei Ihrer Ankunft ein Lächeln verdient.

Was für uns wirklich von Bedeutung ist, das vermitteln wir anderen durch unser tägliches Verhalten. Und natürlich sind uns die Menschen in unserem Leben am wichtigsten. Auf jeden Fall sollten Sie etwas ändern, wenn sich die Menschen in Ihrer Umgebung fragen, welche Laus Ihnen denn heute schon wieder über die Leber gelaufen ist, nur weil Sie sich im Büro geärgert haben.

31. Führen Sie mit Ihrem Partner klare Gespräche.

Angie und Craig sind beide überaus erfolgreich und haben zwei Kindergartenkinder. Angie ärgerte sich, weil sie der Ansicht war, Craig würde einfach nicht seinen Part bei der Kindererziehung und im Haushalt übernehmen. Allerdings meinte sie, Craig könne ihre Gedanken lesen, was zu ziemlichen Spannungen zwischen den beiden führte. Heute schreibt Angie ihre Erwartungen an Craig auf und sagt ihm deutlich, bei welchen Aufgaben sie seine Hilfe braucht.

32. Nutzen Sie die Mittagsstunden für kurze Besorgungen.

Erstellen Sie eine Liste Ihrer Einkäufe und erledigen Sie soviel wie möglich in der Mittagspause. Das schafft Ihnen am Abend und am Wochenende Luft, und Sie haben mehr Zeit für Ihre Familie oder für sich selbst.

33. Bedienen Sie sich neuer Technologien.

Sandy war Managementberaterin, und nach der Geburt ihres ersten Kindes kaufte sie einen PC und ein Modem. Damit konnte sie sich in das EDV-System ihrer Firma einloggen. Dies ermöglichte ihr, zu Hause zu arbeiten und ihren Vorgesetzten zu beweisen, daß ihre Produktivität keinen Schaden genommen hatte. Für die direkten Kontakte im Büro plante sie zwei halbe Tage ein. Ihre Investition wurde durch die gewonnene Flexibilität mehr als wettgemacht.

34. Fahren Sie weniger in den Supermarkt.

Sie sollten sicherstellen, daß beim wöchentlichen Einkauf im Supermarkt wirklich alle benötigten Artikel gekauft werden. Dazu können Sie beispielsweise eine Liste am Kühlschrank befestigen, in die dann alle Familienmitglieder jene Dinge eintragen, die sie verbraucht haben und die ersetzt werden müssen.

35. Wir können nicht alles allein tun – also suchen Sie nach Hilfe.

Sind wir nicht alle Weltmeister im Selbermachen? Gerade Arbeiten im und um das Haus werden von Hobbyhandwerkern zunehmend in Eigeninitiative erledigt. Aber uns bleibt immer weniger Zeit für solche Tätigkeiten, da uns die Arbeit immer mehr fordert und auch die Verpflichtungen gegenüber der Familie zunehmen. Ein Übermaß an solchen Aktivitäten kostet hinsichtlich der Bereiche Freizeit/Entspannung und Zugehörigkeit/Liebe ziemlich viel Zeit. Ein Ausweg aus dieser Situation ist, sich für ständig wiederkehrende Arbeiten Hilfe zu engagieren.

36. Verbringen Sie weniger Zeit in der Küche.

Sam und Denise kochen sonntags nachmittags für die ganze Woche vor. Dabei werden manche Mahlzeiten ganz, andere nur teilweise vorbereitet. Auf diese Weise kann jeder, der nach Hause kommt, sofort ein schnelles Abendessen zubereiten. Hin und wieder kaufen sie auch ein Fertiggericht in einem Reformhaus.

37. Seien Sie romantisch.

Verabreden Sie sich mit Ihrem Partner doch am kommenden Freitag zum Mittagessen. Dabei sollten Sie ausreichend Vorbereitungen treffen, damit er oder sie den restlichen Nachmittag frei nehmen kann. Kurz bevor Sie das Büro zum Essen verlassen, sollten Sie auf ein Blatt fünf Eigenschaften schreiben, die Sie an dem anderen mögen.

Laden Sie Ihren Partner nach dem Essen ins Kino ein. Und danach gehen Sie Kaffee trinken und unterhalten sich, oder Sie unternehmen einen Spaziergang zum See oder durch den Park.

Nun können Sie sich selbst ja einreden, daß es unmöglich sei, am Freitagnachmittag einfach so das Büro zu verlassen. Außerdem hätten Sie keine Zeit für derartige Dinge. Aber glauben Sie mir: Ihre Firma geht nicht pleite, nur weil Sie 56 Wochenstunden anstelle von 60 arbeiten. Stellen Sie sich vor, Sie würden von einem heftigen Schnupfen geplagt. Dann wären Sie doch auch nach Hause gegangen!

Die Zeit, die wir mit geliebten Menschen verbringen, ist die bestgenutzte Zeit im Leben.

38. Es ist wirklich wichtig für mich.

Viele der hier vorgeschlagenen Tips hören sich im Grunde genommen sehr einfach ein. Aber es kommt darauf an, sie in die Praxis Ihres täglichen Lebens umzusetzen. Wir haben es auf den vorhergehenden Seiten schon so oft betont: Den

Schlüssel für ein ausgeglichenes Leben tragen Sie mit sich. Die Lösung liegt darin, zu sich selbst zu sagen: „Es ist wichtig für mich, und daher nehme ich mir die Zeit, es zu tun".

39. Denken Sie jeden Tag über spirituelle Inhalte nach.

Es gibt nichts, das Ihnen in fünf Minuten täglich soviel innere Stärke und Frieden verleiht wie eine kurze Meditation über ein spirituelles Thema. Dadurch öffnet sich ein Zugang zu Ihren inneren Kräften, und bei der Lektüre der Werke spirituell Erleuchteter erfahren Sie etwas von deren Weisheit.

40. Fragen Sie sich regelmäßig: „Bekomme ich vom Leben, was ich will?"

So, wie wir unser Leben gestalten, soviel Erfüllung oder Freude werden wir auch aus ihm ziehen. Wenn wir von unserem Leben nicht das bekommen, was wir wollen, sollten wir unseren Lebensstil einer intensiven Betrachtung unterziehen. Dann wird sich zeigen, welche Veränderungen wir dringend vornehmen müssen.

Es gibt keine vollkommene Balance, und außerdem kann niemand solch ein Gleichgewicht über eine längere Zeit aufrechterhalten. Aber da der Weg dorthin bereits das Ziel ist, werden unsere Bemühungen allein schon unsere Schritte beflügelt.

Sie sollten nichts überstürzen. Entscheiden Sie sich für eine unserer Anregungen, machen Sie diese zum festen Bestandteil Ihres Alltags und versuchen Sie sie mindestens zwei Wochen lang durchzuhalten. Lassen Sie sich Zeit.

Elf Wege zu mehr Kreativität

Kapitel 5

Es ist durchaus möglich, die Menschen mit nur 60 bis 65 Prozent ihrer Leistungsfähigkeit arbeiten zu lassen, wenn man dies durch Autorität, Regeln und Vorschriften unterstützt. Das ist dann gerade genug, um den Anforderungen einer bestimmten Arbeit zu genügen. Mit den fehlenden 35 bis 40 Prozent hat sich die Führung als Multiplikator zu befassen. Dabei wird eine reine Verwaltungstätigkeit nur durchschnittliche Ergebnisse erzielen. Eine wirkliche Führungskraft dagegen wird durchschnittliche Menschen zu hervorragenden Leistungen anspornen. Management ist in weiten Teilen ein geistiger Prozeß, der handlungsorientiert ist. Führung dagegen ist ein handlungsorientierter Prozeß, der sich zwischen Menschen abspielt.

James J. Cribbin, AMA, New York
aus: Führung: Strategien für eine wirksame Organisation

In unserer stark wettbewerbsorientierten und globalen Wirtschaft hängen Erfolg und Rentabilität einer Firma in erster Linie von drei Faktoren ab: Investitionsbereitschaft, qualitativ hochwertigen Produkten und einer deutlichen Kundenorientierung. Der kritische Punkt für den Erfolg einer Firma ist die Zufriedenheit der Kunden, und diese läßt sich nur aufrechterhalten, wenn in allen drei Bereichen ständige Verbesserungen vorgenommen werden. Solche Verbesserungen sind nur durch uneingeschränkte Anstrengungen aller der Firma verpflichteten Angestellten zu erzielen.

Die wesentlichste Aufgabe einer Führungskraft besteht darin, jenen menschlichen Geist zu aktivieren, der Initiative, Kreativität und Unternehmungsgeist erst ermöglicht. Christopher Bartlett und Sumantra Ghosal haben dies in ihrer Arbeit mit dem Titel „Die Rolle des Topmanagements verändern: Von den Systemen hin zum Menschen“ angesprochen. Ihr Artikel erschien in der Mai-Juni-Ausgabe der *Harvard Business Review* im Jahre 1995.

Es gibt mittlerweile eine ganze Reihe von Firmen, die nicht nur für ihre qualitativ hochwertigen Produkte und Dienstleistungen bekannt sind, sondern auch für einen exzellenten Kundenservice. Wie wichtig der volle Einsatz seitens der Mitarbeiter ist, konnte ich während meiner 15jährigen Mitarbeit im Management der Firma Federal Express erfahren. Im Grunde haben die Ideen des Gründers Fred Smith zusammen mit engagierten Mitarbeitern einen völlig neuen Industriezweig geschaffen.

Für einen exzellenten Kundenservice sind begeisterte Angestellte ein absolutes Muß: Das ist das Ergebnis einer Kundenumfrage der Marketingabteilung von Federal Express. Wurden die Kunden befragt, was ihnen denn das Wichtigste im geschäftlichen Umgang mit Federal Express sei, so lauteten die Antworten durchgängig: „Die Menschen, mit denen wir zu tun haben.“ Kaum einer erwähnte dabei die Flugtransporte oder die ausgeklügelten Informationssysteme oder eine komplizierte Paketsortieranlage.

Auch alle anderen Expreßlieferfirmen beschäftigen Mitarbeiter. Was also ist an den Federal-Express-Beschäftigten so Besonderes? Glaubt man den Umfrageergebnissen, so ist ihre Motivation die Basis für den hervorragenden Kundenservice. Die Mitarbeiter fühlen sich dem Firmenerfolg verpflichtet, und diese Verpflichtung findet ihren Ausdruck in ihrer Begeisterung – und damit auch in den Produkten und in den Dienstleistungen.

In erster Linie sind alle Angestellten Menschen. Sie besitzen alle die gleichen grundlegenden Eigenschaften und das Potential, enthusiastisch und innovativ zu sein und sich der Firma verbunden zu fühlen – unabhängig davon, wo sie eingesetzt werden. Aber warum traten diese Qualitäten bei den Angestellten von Federal Express besonders hervor? Weil sich der Gründer Fred Smith und sein gesamtes Management von Beginn an auf die Fahnen geschrieben hatten, diese Motivation und die Verbundenheit der Mitarbeiter zu aktivieren. Dies war eine bewußte Strategie, die durch geplante Aktionen unterstützt wurde.

Die Mehrheit aller Manager in den Firmen dieser Welt kann auf eine mehrjährige Ausbildung sowie viele Jahre an Erfahrung verweisen. Zwar haben sie sich über die gängigen Geschäftspraktiken in zahlreichen Seminaren und Büchern informiert, gleichwohl sehen sie sich häufig mit echten Schwierigkeiten konfrontiert. Oft schaffen sie es nicht, ihr Expertenwissen sowie ihre Führungsqualitäten um- und ein kreatives Potential freizusetzen.

Managementtrainings- oder -bildungsmaßnahmen können, wenn man sich der Computersprache bedient, als Software bezeichnet werden. Die eingehenden Daten beziehen sich auf das Geschäftsproblem, und der Manager ist die zentrale Recheneinheit, die aus den verfügbaren Informationen produktiven Nutzen ziehen muß.

Dabei muß der Manager mit jenem Mikrokreislauf vertraut sein, der sein inneres Selbst bildet, um die Resultate der Bildungsmaßnahmen auch umzusetzen. Mit anderen Worten: Er sollte sich selbst verstehen – seine Werte, Prioritäten, Stärken und Schwächen kennen. Er sollte wissen, woher seine Motivation rührt – seine Überzeugungen, die im Grunde die Programmierung seines Computers darstellen. Sie bestimmen die Verteilung und die Ausrichtung der eingesetzten Zeit und Energie.

Wer als Manager erfolgreich sein will, muß mit seinem inneren Selbst im Einklang stehen.

> Der unglaublich harte Wettbewerb heute fördert die flexiblen Führungskräfte. Sie sind mit sich selbst im guten Einvernehmen und können schneller auf die Herausforderungen reagieren. Der wichtigste Charakterzug an einer guten Führungskraft ist das Wissen darum, wer man ist.
>
> Edward McCracken, Silicon Graphics

Aber warum greifen Manager nicht auf ihre inneren Ressourcen zurück, und weshalb ziehen sie aus Trainingsprogrammen häufig so wenig Nutzen? Eines der größten Hindernisse dabei ist, daß sie mit den verschiedenen Teilen ihres mehrdimensionalen Selbst nicht vertraut sind und es auch nicht schaffen, diese Aspekte zu einem Ganzen zu vereinigen. Nur wer dauerhaft eine integrierte Persönlichkeit ist, wird über eine lange Zeit wirklich erfolgreich sein.

Damit Sie Ihr Selbst besser verstehen, sollen Ihnen die folgenden elf Grundsätze und Handlungsanweisungen behilflich sein. Dieses Wissen um Ihr Selbst wird, richtig angewendet, Ihre persönliche Effektivität steigern. Dabei werden jene latenten Führungsfähigkeiten und kreativen Möglichkeiten freigesetzt, über die Sie schon jetzt verfügen.

1. Geteilte Visionen und uneingeschränkte Leistungen

Alle Führungskräfte entwickeln eine Vision, wohin ein Unternehmen steuern sollte. Sie aktivieren Eigenschaften wie Begeisterung, Leistungsbereitschaft und Einfallsreichtum, die sowohl ihrem eigenen Selbst als auch anderen Personen des Unternehmens innewohnen. Das Ziel dabei ist, aus Visionen Wirklichkeit werden zu lassen. Jeder Mensch leistet freiwillig mehr, wenn Führungskräfte ihm das Gefühl vermitteln, wichtiger Teil eines Teams zu sein, in dem alle der gleichen Vision folgen. In diesem Sinne ist das Führen sowohl für die Führungskraft als auch für den Geführten eher eine Herzensangelegenheit denn rationales Taktieren.

2. Liebe und Herzensgüte

Was die Sonne für die Blumen, ist die Liebe für die menschliche Seele. Es braucht aber Zeit, um Liebe und tiefergehende Beziehungen zu entwickeln. Wenn wir uns also für die wichtigen Personen in unserem Leben Zeit nehmen, um gemeinsam Probleme anzugehen, wird uns allein die Beschäftigung damit schon Freude bereiten. Wenn wir offen sind, sowohl Freude als auch Sorgen zu teilen, und wenn wir uns austauschen, wird sich dies ebenfalls positiv auf unsere Führungsqualtiäten auswirken.

3. Inter- und intrapersonelles Verhalten

Es gibt eine direkte Beziehung zwischen interpersonellen Fertigkeiten (die Art, wie wir mit anderen umgehen) und intrapersonellen Fähigkeiten (die Art, wie wir mit uns selbst umgehen). Wer nicht auf seine eigenen Gefühle achtet, wird es auch ziemlich schwer haben, die Gefühle anderer wahrzunehmen und auf sie einzugehen. Aber wir denken, dazu in der Lage zu sein, und versuchen weiterhin, unsere Persönlichkeit von dem Manager, der wir sind, fernzuhalten. Dabei bleibt der Erfolg aus, weil unsere Persönlichkeit eben doch unsere Leistungsfähigkeit als Manager beeinflußt. Eine Führungskraft ist in erster Linie verantwortlich dafür, mit sich selbst in ständigem Kontakt stehen.

4. Wissen und fühlen

Wie wir uns verhalten, was wir wissen und wie wir fühlen, steht in einer engen Wechselbeziehung. Jeder dieser Teile beeinflußt die anderen. So mag ein Manager sehr wohl intellektuell die Notwendigkeit einer Veränderung einsehen, aber wenn er sich unsicher fühlt, wird er das Risiko scheuen und den Versuch unterlassen, auf neue Ideen einzugehen. Um sich auf vermeintlich riskante Manöver einzulassen, braucht man eine innere Zuversicht. Und von dieser wird nur erfüllt werden, wer Zugang zu seinen innersten Gefühlen hat.

5. Innere Sicherheit

Es gibt viele Quellen, um innere Sicherheit zu gewinnen. So ist beispielsweise ein ständig aktualisiertes Wissen eine der wichtigsten Quellen – neben geübten Fertigkeiten, guten Beziehungen und spirituellem Wachstum. Aber nur, wer regelmäßig Zeit für alle diese Quellen aufwendet, wird sie auch weiterentwickeln und unterstützen können.

6. Frieden mit sich schließen

Wenn wir in Frieden mit uns leben, sind wir kreativ und offen für eigene Ideen und die gedanklichen Anstöße anderer. In Frieden mit sich leben heißt, die Bedürfnisse aller vier Bereiche des Selbst zu kennen und auf sie einzugehen – also auf die Anerkennung, die Liebe, den Selbstwert und die Entspannung.

7. Aktivierte Kreativität

Der erste Schritt in einem kreativen Entscheidungsprozeß ist die Visualisierung der verschiedenen Alternativen. Nach deren eingehender Analyse wird ein geeignetes Handlungsmodell entworfen. Auf dieses Vorgehen haben psychologische, irrationale und emotionale Aspekte einen Einfluß. Zudem bringt ein beunruhigter Geist ein verzerrtes Bild hervor.

8. Energie und ein unausgeglichenes Leben

Ein unausgeglichenes Leben führt zu inneren Konflikten und schlechten Gefühlen. Dadurch werden die nötige Kraft und die Begeisterung aufgesogen, die für eine Führungskraft von eminenter Bedeutung sind. So gehören beispielsweise Pessimismus, Unsicherheit oder ambivalentes Verhalten zu den größten Energiefressern. Dagegen sind Optimismus, Sicherheit und Ausgewogenheit mit zu den ergiebigsten Energiequellen zu zählen.

9. Ausgewogenheit

Management kann nur im Team praktiziert werden. Und wer als Manager nicht im Gleichklang mit sich selbst lebt, der ist unfähig, mit anderen effizient zusammenzuarbeiten. Wie ein Damm verhindern ungelöste persönliche Probleme und ein unausgewogenes Ego den freien Fluß des kreativen Potentials, der sowohl dem eigenen Selbst als auch den Teammitgliedern entströmen soll.

10. Auf sich selbst besinnen und lernen

Der Schlüssel zum lebenslangen Lernen und zum Verständnis der eigenen Person ist die Besinnung auf sich selbst. Durch sie wird das Leben eines Menschen zu einer bewußten Reflexion seines Innersten, seiner persönlichen Werte und Prioritäten; und erst durch sie können Energie, Glück und Kreativität sich frei entfalten.

11. Zwei Arten der Bildung

Wir alle brauchen zwei Arten der Bildung: Zum einen müssen wir lernen zu leben, zum anderen, im Gleichgewicht zu leben auf der Grundlage fester Wertmaßstäbe und Prioritäten.

Ein Blick aufs Detail

Lassen Sie uns nun die zuvor aufgezählten elf Grundsätze und Handlungsanweisungen einer näheren Betrachtung unterziehen.

1. Geteilte Visionen und uneingeschränkte Leistungen

Es ist typisch für Manager, daß sie vor allem ihre linke Gehirnhälfte aktivieren. Aber die meisten Führungsfähigkeiten beanspruchen die rechte Hemisphäre des Gehirns. In unserer linken Hirnhälfte sind Faktenwissen, logisches Denken und schrittweises Vorgehen angesiedelt. In der rechten Hemisphäre sind Gefühle, Intuition und Vorstellungskraft beheimatet.

Die linke Seite des Gehirns, so die psychologische Forschung, ist der richtige Ort für geteilte, analytische und rationale Vorgehensweisen. Die rechte Hirnhälfte unterstützt ganzheitliche, kreative und gefühlsbetonte Aktivitäten. Mit Hilfe unserer linken Hirnhälfte können wir gut planen, organisieren und kontrollieren und sind so effiziente *Manager.* Aber unsere rechte Hirnhälfte, die fühlt und ganzheitlich wahrnimmt, läßt uns Visionen entwickeln und macht uns zu einfühlsamen und inspirierenden Managern – also zu effizienten *Führungskräften.*

Niemals wird aus einem großenteils rational handelnden, intellektuellen, gefühlsarmen Menschen ein engagierter Manager werden. So wie der Intellekt ein Instrument des Wissens, ist die Seele ein Instrument der Inspiration.

Was also ist Führung? Es ist ein Prozeß, in dessen Verlauf eine Vision vermittelt wird, die andere motiviert, dieser Vorstellung mit Begeisterung und Hingabe zu folgen. So werden Angestellte eher bereit sein, einer Führungskraft jegliche Unterstützung zu gewähren, wenn sie spüren, daß ihr individueller Wert erkannt, sie nach ihren Fähigkeiten und Fertigkeiten eingesetzt werden und ihnen das Gefühl vermittelt wird, Teil eines visionären Ganzen zu sein.

Das Schlüsselwort für diesen Vorgang lautet: Gefühl. Menschen beziehen sich auf andere Menschen auf der Gefühlsebene. Wer nur analytisch denkt, verschließt sich vor anderen und schließt andere aus. Daher sollten Manager Gefühl und Verstand einsetzen, denn dies eröffnet ihnen eine Vielzahl bislang ungenutzter Fähigkeiten und stellt ihnen neue Handlungsmöglichkeiten zur Verfügung.

Führung ist gewissermaßen eine Verlängerung der ganzen Person, sowohl ihrer analytischen als auch der emotionalen Seiten. Diese Aufgabe nimmt Sie voll und ganz in Anspruch. Um sich zu einer effizienten Führungskraft zu entwickeln, sollten Sie es wagen, ein möglichst ausgeglichener und vollständiger Mensch zu sein. Diese Vollständigkeit erreichen wir, wenn wir das Leben in seiner ganzen Fülle sehen und es im Gleichgewicht führen.

2. Liebe und Herzensgüte

Der Mensch ist ein soziales Wesen. Wir alle haben das Bedürfnis, dazuzugehören und uns mit anderen verbunden zu fühlen, und die Liebe ist ein Weg dorthin. Liebe läßt sich auf sehr verschiedene Arten definieren, aber ich persönlich bevorzugte die folgende: An jede Liebesbeziehung darf gewissermaßen eine minimale Grundforderung gestellt werden. Dabei ist einem das Glück des anderen ebenso wichtig wie das eigene. Für eine tiefergehende Beziehung hängt die Latte etwas höher. Hier muß einem das Glück des anderen Menschen wichtiger als das eigene sein.

Nimmt man diese Definition von Liebe ernst, reicht es sicher nicht aus, nur „Ich liebe dich" zu sagen. Liebe muß sich dann im täglichen Verhalten, in der Verteilung unserer Zeit und Energie niederschlagen. Wenn die Kinder spielen wollen oder Schulaufführungen haben, dann muß man eben zur

Stelle sein und die Interessen derer teilen, denen unser Herz gehört. Wenn wir Herzenswünsche erfüllen, dann zeichnet uns das aus, vervollständigt uns, macht uns als Mensch wirksamer und verbessert so unsere Führungsqualitäten.

Der Direktor von American Express, Henry Kissinger, hat am 24. Januar 1988 einen Artikel in der Zeitschrift *Business Week* kommentiert, in dem eine Führungskraft bei American Express, James Robinson, vorgestellt wurde: „Robinsons Frau Linda hat ihm eine menschliche Dimension verliehen, die ihn sehr attraktiv macht."

Und Robinson stimmte zu: „Linda spricht über Gefühle, und ich habe dabei gelernt, daß ich mich ebenfalls mehr damit beschäftigen muß. Die Beziehung zu meinen Kindern ist seither viel besser, und daran hat Linda großen Anteil." Zu einer vertraulichen Beziehung gehören auch Gefühle.

Eine Führungskraft muß nicht nur den Intellekt, sondern auch die Seele ansprechen, wenn sie sich der uneingeschränkten Leistung ihrer Mitarbeiter sicher sein will. Auf diese Art der Beziehung soll der folgende, noch ungeschriebene Beschäftigungsvertrag mit einer neuen Art von Angestellten eingehen:

Zustimmung Ebene I: Um meine grundlegenden Bedürfnisse (die meines Körpers) zu erfüllen, brauche ich Arbeit. Diese Arbeit stellen Sie mir zur Verfügung, und ich gebe Ihnen dafür genau soviel, wie nötig ist, um diese Arbeit zu behalten.

Zustimmung Ebene II: Wenn ich die Tätigkeit interessant und herausfordernd finde (sie meine geistigen Bedürfnisse zusätzlich zu den körperlichen erfüllt), dann werde ich mich weit mehr dafür engagieren, als es die minimalen täglichen Anforderungen eigentlich voraussetzen.

Zustimmung Ebene III: Wenn sowohl die Arbeit, die Firma als auch die Manager mir das Gefühl vermitteln, für sie als

Mensch auch außerhalb der Arbeitszeit wertvoll zu sein, dann gebe ich alles, was ich anzubieten habe – geistig und körperlich. Dabei sollen sie mir ebenso ein Gefühl von Sinn wie von Zugehörigkeit zu einer Gemeinschaft als Ganzes geben und damit meine spirituellen, geistigen und körperlichen Bedürfnisse zufriedenstellen.

3. Inter- und intrapersonelles Verhalten

Wer nur mit sich selbst beschäftigt ist, wird anderen kaum besondere Aufmerksamkeit widmen können. Meist sind diese Menschen so auf sich fixiert, daß sie die subtilen Empfindungen anderer nicht wahrnehmen, geschweige denn ihnen richtig zuhören können. Fazit: Solche Menschen sind unfähig, anderen entgegenzukommen. Ihnen mangelt es an authentischen Beziehungen, und sie reden an anderen vorbei.

Aber was wir nicht haben, können wir anderen auch nicht geben. Als Manager sollten wir unsere Beziehungen zu anderen mit einem Gefühl der Leichtigkeit versehen, um mit ihnen auch „schlechte Nachrichten" zu teilen. Aber wenn wir mit uns selbst nicht im reinen sind, wie sollen wir dann anderen ein Gefühl der Ungezwungenheit geben? Werden solche schlechten Nachrichten unterdrückt, bekommt der Manager ein unvollständiges Bild der Firmenwirklichkeit, und er neigt dazu, Entscheidungen zu treffen, die alles andere als optimal sind.

Wir versuchen, unser Leben in Bereiche aufzuteilen – als Berufstätiger/Manager, als Vater/Mutter, als Golfer/Gärtner und dergleichen mehr. Aber immer ist in jedem dieser Bereiche der ganze Mensch beteiligt, und jeder Teil des multidimensionalen Selbst wirkt sich prägend auf die anderen Teile aus, wie wir das ja im dritten Kapitel bereits dargestellt haben. Wenn wir ungeduldig mit uns selbst sind, werden wir auch keine Geduld für andere aufbringen.

4. *Wissen und fühlen*

> Fangen wir mit folgender Frage an: „Ist Management in Wirklichkeit eine rationale Aufgabe, die von rational denkenden Menschen im Einklang mit empfindlichen Firmengegenständen durchgeführt wird?“ Wir alle wissen es besser, und doch lebt der Mythos des Rationalen trotz des Beweises seines Gegenteils fort. Große Teile unserer Gesellschaft und weite Bereiche unseres Geschäftslebens sind rund um wasserdichte Logik, Zahlen und Erklärungen herum angeordnet, die irgendwie „Sinn“ machen. Aber eine ganze Reihe an irrationalen Gefühlen wie Wut, Angst, Unsicherheit, Eifersucht und Leidenschaft wird am Arbeitsplatz ausagiert. Unsere Firmenabläufe werden häufig durch diese mächtigen, unbekannten Gefühle gestört.
>
> Den meisten Firmenleitungen fehlt jegliche Befähigung, Verständnis für Gefühle aufzubringen oder gar mit ihnen umzugehen. Nur die allerbesten sind überhaupt in der Lage, sich die Frage zu stellen, warum sie eigentlich so und nicht anders handeln. Fazit: Die meisten verstehen weder ihr eigenes Managementverhalten noch das der anderen.
>
> Harry Levinsonin, in der Januar-/Februarausgabe 1996 von *Harvard Business Review*, Buchbesprechung über „Leben und Sterben auf der Überholspur der Führungsebene“ von Manfred K. R. Kets de Vries

Was macht uns zu Menschen? Es ist unsere Fähigkeit, über unsere Bestimmung im Leben nachzudenken und eine Wahl zu treffen, die uns dieser Bestimmung näherbringt. Fühlen sich die Angestellten motiviert, so sind sie produktiver und bieten den Kunden einen besseren Service – eine altbekannte Tatsache. Fühlen sich die Angestellten im Gegenteil demotiviert, so lassen sie in ihrer Leistung deutlich nach. Wir kennen dieses Phänomen aus dem Sport: Mannschaften der unteren Tabellenhälfte schlagen Spitzenteams, einfach weil sie deutlich motivierter sind.

Seien wir uns darüber im klaren, daß es Gefühle gibt, und zwar sowohl auf seiten des Managements als auch auf seiten der ausführenden Organe. Unsere Zielvorgaben werden schlagartig deutlich, wenn wir uns diese Tatsache vor Augen führen. Die eigenen positiven Gefühle in der Firma müssen ebenso wachsen wie die der anderen. Genauso wichtig ist es, negativen Empfindungen und Defätismus erfolgreich Widerstand zu leisten. Kreative Einfälle oder Veränderungen können von Angestellten nur eingebracht werden, wenn ihre Beziehungen zum Management frei von Angst sind.

Welche Rolle Gefühle bei der Einführung neuer Geschäftsideen spielen, beleuchtet folgende Äußerung:

> Es ist ein fataler Irrtum, zu glauben, daß es keinen Widerstand gibt. Ein ebenso fataler Irrtum beruht darauf, jene Personen, die Widerstand zeigen, als schwierig oder rückschrittlich einzuschätzen. Der wahre Grund, warum der Aufbau neuer Geschäftsfelder fehlschlägt, liegt nicht im Widerstand selbst, sondern in der Unfähigkeit des Managements, damit umzugehen… Wer wirkliche Veränderungen durchsetzen will, muß die überaus starken Emotionen wie Angst oder Ärger bei den Angestellten berücksichtigen – sie sind die Triebkräfte des Verhaltens wirklicher Menschen auf tatsächlichen Arbeitsplätzen.
>
> Michael Hammer, in *Fortune,* 17. April 1995

5. Innere Sicherheit

Die Randbedingungen verändern sich rasch, gleichgültig, auf welchem Gebiet wir arbeiten. Sowohl der Dienstleistungsbereich als auch das produzierende Gewerbe haben vor allem durch die Computertechnologie wesentliche Fortschritte gemacht. Für eine Karriere reichen heute die an Gymnasien vermittelten Wissensgrundlagen nicht mehr aus. Der einzelne muß mehr Zeit aufwenden, um sich den Fortschritten in seinem Bereich anzupassen, sonst könnte eine gewisse Unsicherheit eintreten.

Wir legen dann nicht unser ganzes Schwergewicht auf die Karriere, wenn wir aus stützenden Beziehungen, Freizeitaktivitäten und spirituellem Wachstum Erfüllung im Leben ziehen. Jene nur aus unserem Beruf ziehen zu wollen würde die Karriere zu sehr aufwerten. Dann dürfte in unserer beruflichen Entwicklung nichts, aber auch gar nichts schiefgehen, und damit würden wir anderen Menschen nicht mehr völlig vertrauen – vor allem dann nicht, wenn ihre Funktion irgend etwas mit unserer Leistungsbeurteilung zu tun hat.

Durch spirituelles Wachstum lernen wir, uns selbst und gleichzeitig unseren Fähigkeiten zu vertrauen. Aufgrund dessen können wir auch Vertrauen in andere entwickeln – in ihre richtigen Entscheidungen und ihre verantwortungsvollen Handlungen.

Wir müssen schwer arbeiten, um im Beruf erfolgreich zu sein. Aber das setzt oft voraus, sich auch auf seine privaten Beziehungen verlassen zu können. Was einmal eine stützende Beziehung war, kann ohne ständige Zuwendung sehr schnell zu einer reinen Zweckgemeinschaft verkommen. Zur Erfüllung gehören viele kleine Freuden und Belohnungen. Werden sie häufig genug wiederholt, können sie – in ausreichender Anzahl – wie winzige Blumen eine ganze Wiese zum Blühen bringen. Beziehungen, Erholung und Religion sind die drei wichtigsten Quellen eines wirksamen Streßmanagements – und sie sind es auch für die eigene innere Sicherheit.

6. Frieden mit sich schließen

Wir werden uns nach außen hin ruhig verhalten, wenn wir mit uns selbst Frieden geschlossen haben. Wir müssen nicht unbedingt immer recht haben oder auf jede Frage die richtige Antwort finden. Wenn wir nämlich meinen, die richtige Antwort gefunden zu haben, suchen wir nicht mehr nach neuen Informationen. Anders ausgedrückt: Wir hören nicht mehr zu und ersticken auf diese Weise die betriebliche Kreativität.

Eine wichtige Voraussetzung, um mit sich selbst in Frieden zu leben, beruht darauf, mit seinen Gefühlen und Bedürfnissen im Einklang zu sein. Ansonsten werden Ruhelosigkeit und Langeweile uns darauf hinweisen, daß in einem oder mehreren Bereichen unseres Lebens bestimmte Bedürfnisse nicht ausreichend zum Tragen kommen. Wer sich beispielsweise keine Zeit zur Erholung nimmt, der wird früher oder später mehr Zeit als genug haben, wenn er krank ist.

Und noch etwas: Wenn wir im Frieden mit uns leben, haben wir Zugang sowohl zu unseren analytischen als auch intuitiven geistigen Quellen. Einstein sagte einmal: „Nur mit meinem rationalen Geist hätte ich nie etwas entdeckt."

7. *Aktivierte Kreativität*

Wie erfolgreich wir in unserem Beruf oder als Manager sind, wird häufig am Inhalt unserer Entscheidungen gemessen. Meist werden wir nicht für die Stunden bezahlt, die wir am Schreibtisch verbringen, sondern für die Qualität unserer in die Wege geleiteten Maßnahmen. All unsere Überlegungen werden allein im Kopf geboren. Doch erst wenn wir verstehen, wie unser Gehirn aufgebaut ist und wie es funktioniert, dann werden wir auch wissen, wie Einfallsreichtum und schöpferisches Tun entstehen.

Im Geschäftsleben bedeuten kreative Entscheidungen auch, das Große und Ganze zu sehen – all die Verbindungen zwischen scheinbar unverknüpften Variablen, all die Möglichkeiten, wie die einzelnen Teile zusammenpassen könnten. Diese kreativen und intuitiven Prozesse beanspruchen unsere rechte Hirnhälfte wesentlich mehr als die linke.

Wir entwickeln also unser kreatives Potential, wenn wir etwas tun, das direkt zur Ausprägung unserer rechten Hirnhälfte beiträgt. Dazu gehören etwa Musik, Zeichnen, Lesen, Schreiben oder Malen – allesamt Freizeitaktivitäten. Wenn

Sie also Zeit in Ihr Hobby und/oder Ihre Freizeit investieren, dann laden Sie damit nicht nur Ihre verbrauchten Batterien wieder auf, sondern entwickeln auch Ihr kreatives Potential.

Unser Gehirn ist mit einem gigantischen Computer vergleichbar, der Unmengen an Informationen verarbeitet und speichert. Je mehr Erfahrungen wir sammeln, desto mehr können wir aus ihnen auch Schlüsse ziehen. Kreative Lösungen stellen sich oft ein, wenn wir in Bereichen suchen, die gar nichts mit unserem Problem zu tun haben. Solche Erfahrungen auf anderen Gebieten bringen uns Freizeit und Selbstverwirklichung. Sie ermöglichen uns, einen Zugang zu der kreativen, ganzheitlichen und intuitiven Seite des Gehirns zu finden.

Jeder hat schon einmal am eigenen Leibe erfahren, wie wenig folgerichtig das Denken wird, wenn wir uns ärgern. Es scheint, als ob uns ein Teil unseres Denkens entzogen wird. Von anderen unbemerkt, kann langfristig unausgeglichenes Leben zu inneren Konflikten führen. Sichtbar von außen sind nur der materielle sowie der berufliche Erfolg. Solch ein innerer Konflikt erlaubt uns keinen unverstellten Blick auf das zu lösende Problem. Also wird auch die uns einfallende Lösung keine vollständige sein, denn sie beruht ja auf einem eingeschränkten Blickwinkel. Ist unser Geist aufgewühlt, wird das Potential unserer intellektuellen Unterscheidungsfähigkeit sich deutlich verringern.

8. Energie und ein unausgeglichenes Leben

Es gibt Tage, da strotzen wir vor Energie, während wir uns an anderen Tage müde und schlapp fühlen. Dabei rührt diese Müdigkeit nicht von körperlicher Arbeit her. Sie hat einfach etwas mit Gefühlen zu tun, die an unserer Energie zehren: beispielsweise der Konflikt mit einem Vorgesetzen oder einem Kollegen.

Es ist ein Irrtum, zu glauben, innere Bedürfnisse würden nur deshalb verschwinden, weil wir zu beschäftigt sind, unseren Karrierebedürnissen nachzukommen. Im Gegenteil: Werden unsere inneren Bedürfnisse ignoriert, ist ein innerer Konflikt die unausweichliche Folge. Und wer unter solchen inneren Konflikten leidet, verbraucht Unmengen an Energie, um mit seinen Ängsten fertig zu werden.

Die körperliche Energie wird durch einen gesunden Körper natürlich unterstützt, ebenso wie ein gesunder Kopf geistige und emotionale Energie zur Verfügung stellt. Aber es gibt eine ganze Reihe an Faktoren, wie etwa Stolz oder Egoismus, die den inneren Energiefluß bremsen können.

> Managen Sie sich selbst, wenn Sie jemanden managen wollen. Sollte Ihnen dies gelingen, so haben Sie das Zeug, zu managen und zu führen.
>
> aus: Warren Bennis und Burt Nanus: Führungskräfte. Strategien, um Verantwortung zu übernehmen

9. Ausgewogenheit

Zu kooperieren heißt, Mitgliedern des Teams zuzuhören und sie zu unterstützen, ohne darauf zu achten, wer sich am Ende über die Anerkennung freuen darf. Unsere Vorstellung davon, was unser Selbst ist, wird erweitert, wenn wir in Harmonie mit uns leben. Und dieses neue Selbst hat es nicht nötig, um Ansehen zu ringen. Daher sind auch Belohnungen nicht so wichtig, auch wenn sie gern entgegengenommen werden. Der Schwerpunkt liegt nun darauf, seinen Teil in der Gewißheit zu leisten, daß die Belohnungen nicht auf sich warten lassen, wenn das Team erfolgreich ist.

Gegenüber Untergebenen verschanzt sich eine in der Hierarchie höherstehende Person hinter einer Art instiktiven Schutzwalls, wenn es darum geht, eine offene Kommunikation zu führen. Jeder Manager sollte sich dieser Tatsache bewußt sein und ständig daran arbeiten, solche Barrieren niederzureißen. Gerät dabei noch persönlicher Stolz mit ins Spiel, erhöhen sich diese Barrikaden nur noch mehr. Eine Führungskraft mit ausgeprägtem Ego dürfte dabei folgendermaßen denken und handeln:

- Ich bin der Chef und muß für jedes Problem die richtigen Antworten haben
- Entweder es ist mein Einfall, oder er ist schlecht.

In solch einem Zustand geschieht folgendes: Stimmt jemand unseren Ideen oder Gedanken nicht zu, sieht unser Ego dies als einen Angriff auf unser Selbstbewußtsein an. Wir geraten in die Defensive, in eine Situation also, in der wir unsere analytische Hirnhälfte voll beanspruchen, während wir die kreative Seite völlig vernachlässigen. Wir können dabei sogar recht zynisch werden und heftige negative Emotionen an den Tag legen.

Umgekehrt bedeutet kreatives Führen nicht, immer die richtige Lösung für jedes Problem zu haben – was ein Manager, der mit sich selbst im Einklang lebt, sofort begreift. Die anderen Mitglieder des Teams werden eher durch die richtigen Fragen als durch vorgefertigte Antworten der Lösung auf die Spur kommen.

> Wie erfolgreich ein Team ist, hängt davon ab, wie gut es aufeinander eingespielt ist. Sie können sich die größten Stars einkaufen – wenn sie nicht miteinander harmonisieren, ist die Mannschaft keinen Pfifferling wert.
>
> Babe Ruth

Management ist ein Teamsport. Damit Produkte und Dienstleistungen rechtzeitig zum Kunden kommen, müssen die einzelnen Abteilungen miteinander kooperieren. Der Manager gibt dabei den Ton für das ganze Orchester an – indem er mit gutem Beispiel vorangeht.

10. Auf sich selbst besinnen und lernen

Welche Tätigkeiten, Verhaltensweisen und Überlegungen haben uns in unserem Leben wachsen lassen? Was hat uns glücklich gemacht und was unglücklich? Mittels Reflexion können wir über solche persönlichen Ereignisse unseres Lebens nachdenken und das Wissen über uns selbst erweitern und vertiefen. Was bedeutet schon ein langes Leben ohne Reflexion? Nichts weiter als eine lange Existenz, in der uns regelmäßig unsere ersten Erfahrungen wiederbegegnen.

Wenn wir unsere Lebenserfahrungen nicht überdenken, werden wir auch nie klären können, was wirklich wichtig für uns ist. Der erfolgreiche Übergang zu einem produktiveren und erfüllteren Leben muß seinen Beginn in uns haben. Aber dieser Wandel wird nur von kurzer Dauer sein, wenn Sie lediglich Ihr Verhalten für kurze Zeit ändern, nicht aber Ihr Denken und Ihr Glaubenssystem.

Wer sein Leben erfolgreich ins Gleichgewicht bringen will, der beginnt am besten in sich selbst. Leben ist ein ständiger Prozeß und kein einmaliges Projekt – das wird uns die Besinnung vor Augen führen. Wir müssen unser Leben heute leben und es genießen und nicht auf den Jahresurlaub oder die große Beförderung warten.

Wir sind in unserer sich rasch wandelnden globalen Wirtschaft darauf angewiesen, aus unseren positiven wie negativen Erfahrungen zu lernen, um unseren Beruf weiterhin effizient ausüben zu können.

In die Programme zur Mangagemententwicklung bauen wichtige Konzerne wie AT&T, PepsiCO, Hoechst und Aetna unterschiedliche Formen introspektiven Trainings ein. Joseph Galerneau leitet das Vertriebstraining bei AT&T und gilt als einer der Protagonisten. Er versucht, aus einer militärisch disziplinierten Befehlsempfängertruppe eigenverantwortliche Unternehmer zu machen. Auf diese Weise hat er bis jetzt etwa ein Fünftel seines Jahresetats von 3,5 Millionen Dollar in introspektive Kurse in-

vestiert. „Diese Firma wird erst dann erfolgreich sein, wenn unsere Angestellten aus Erfahrungen lernen können."
Stratford Sherman, in *Fortune*, 22. August 1994

11. Zwei Arten der Bildung

Während meiner über 20jährigen Beobachtung von Firmenentwicklungen habe ich mich oft gefragt, weshalb so viele Leute beruflich erfolgreich sind, zugleich privat eher Mißerfolge vorzuweisen haben. Dabei bin ich zu dem Schluß gekommen, daß es einen großen Unterschied macht, ob wir lernen zu leben oder ob wir lernen, wie wir leben. Die zweite Form der Bildung, nämlich wie wir zu einem sinnvollen und erfüllten Leben finden, müssen wir uns selbst beibringen.

Mit dem Geheimnis, wie wir leben sollen, sind wir nicht auf die Welt gekommen. Daher wissen wir auch nicht, wie wir einen ausgeglichenen und gesunden Lebensstil führen können. Wir brauchen dazu Fähigkeiten, die unsere Eltern und die meisten unserer Lehrer nicht hatten und auch nicht brauchten. Wir müssen in uns hineinschauen, Geduld mit uns aufbringen und vieles ausprobieren, um uns diejenigen Fähigkeiten anzueignen, die Voraussetzung für ein ausgeglichenes Leben sind. Außerdem sollten wir bereit sein, diese Fähigkeiten und unser Wissen regelmäßig zu erneuern.

Die Geschwindigkeit in unserem Zeitalter hat sich enorm erhöht. Wir versuchen in immer weniger Zeit immer mehr zu erledigen. Dabei dürfen wir in all der Hetze des heutigen Lebens nicht übersehen, daß die Uhr nicht aufhört zu ticken – und zwar für keinen. Unsere Kinder wachsen heran, und wir können die Uhr nicht rückwärts drehen, können nicht rückwirkend mehr Zeit mit ihnen verbringen oder mehr Anteil an ihrem Leben haben.

Als unsere Kinder noch klein waren, hatte mein Mann niemals Zeit für ihre Schulschwierigkeiten oder persönlichen Probleme. Doch wenn er sich um irgend etwas kümmerte, dann wurde das gleich zu einer ganz großen Sache. Heute kommen die Kinder nicht zu ihrem Vater, und das schmerzt ihn und macht ihn wütend. Er behauptet, er habe ihnen soviel gegeben und sie seien undankbar. Aber das sind sie wirklich nicht. Sie wissen einfach nicht, worüber sie mit ihm reden sollen.

Eine 50jährige Frau in einer Folge der *Wall-Street-Journal-Serie* „Frauen von Führungskräften beschreiben die Auswirkungen der Karriere ihres Mannes auf die Kinder" von Frank Allen

Der Badmintonspieler Hoyer-Larson aus Dänemark war bei den Olympischen Spielen von Atlanta 1996 der einzige nichtasiatische, männliche Medaillengewinner. Seinen Erfolg begründete er mit der Geburt seines Sohnes im vorangegangenen Jahr: „Ich konnte viel besser spielen und war viel lockerer, weil ich plötzlich wußte, daß Badminton nicht das Wichtigste im Leben ist", sagte er. Das Beispiel zeigt, wie sehr ein gesunder Lebensstil die Leistung im Beruf tatsächlich steigert und umgekehrt.

Teilnehmer unserer Seminare sagen häufig: „Ich stimme völlig mit Ihnen überein und würde auch gern ein ausgeglichenes Leben führen. Aber die Arbeitswelt fordert von mir den 16-Stunden-Tag, folglich kann ich dies alles völlig vergessen."

Die wirklichen Gründe für dieses Versagen liegen ebenso in uns wie sie von außen auf uns einwirken, und daher entsteht auch die Lösung in uns und kommt von außen. Wie erfolgreich wir als Führungskräfte und Manager sind, wird an der Kreativität unseres Führungsstils und an unseren Qualitäten als Chef gemessen. Wir werden für die Effizienz unserer Entscheidungen bezahlt und nicht für die am Schreibtisch abgeleisteten Stunden.

Beginnen Sie, ihre eigene Unfähigkeit, ein ausgeglichenes Leben zu führen, zu bekämpfen. Ein erster Schritt dazu ist das richtige Verständnis der zuvor beschriebenen elf Grundsätze und Handlungsanweisungen. Je mehr Sie dies verinnerlichen, desto größere Kraft werden Sie daraus beziehen. Und Sie werden erleben, wieviel mehr an Arbeitsqualität Sie hinzugewinnen, wenn Sie sich selbst mehr Zeit gönnen.

Ihre Lebens- und Ihre Arbeitsqualität werden sich gegenseitig ergänzen – zu diesem Resultat gelangte eine Studie von *Fortune* im Jahre 1996. Aus ihr wurde deutlich: Die produktivsten Angestellten waren jene, die auch außerhalb des Büros zu leben verstanden.

Mit dieser neuen Erkenntnis ausgestattet, dürfen Sie es sich selbst ruhig erlauben, Ihre 16-Stunden-Arbeitstage ab sofort zu reduzieren. Wenn Sie erst einmal die neuen Grundsätze verinnerlicht haben, können Sie doch den Spieß einfach umdrehen und sich sagen: „Ich schade weder meiner Karriere noch der Firma, wenn ich mir Zeit für ein ausgeglichenes Leben nehme. Im Gegenteil – ich verhelfe meiner Kreativität und meinen Führungsqualtiäten zu neuem Schwung."

Mit dieser ständigen Botschaft im Gedächtnis finden wir sicher leichter Lösungen für die überquellenden Eingangskörbe oder die zahllosen Marathonsitzungen. Es ist die gleiche Methode, auf der die Werbespots im Fernsehen basieren: sich ständig in Erinnerung bringen und noch zusätzlich verstärken.

Sie werden mit Hilfe dieses Buches das Gleichgewicht in Ihrem Leben wiedererlangen und zur Lebensfreude zurückfinden. Als Abfallprodukt sozusagen wird es Ihnen auch helfen, Kreativität und Führungsqualitäten zu aktivieren. Es mag schon sein, daß Sie in kürzerer Zeit mehr leisten können, wenn Sie die Kerze von beiden Seiten anzünden. Aber Sie werden dann schneller ausbrennen und auf lange Sicht weniger Erfolg haben.

Der Autor Stephen Rechtschaffen hat in seinem Buch „Zeitverlagerung – Schaffen Sie sich mehr Zeit, um Ihr Leben zu genießen" herausgestellt, wie die ständige Betriebsamkeit uns unseres Seelenfriedens und der angeborenen

Lebensfreude beraubt. Mehr noch: Wilde Aktivität nimmt uns die Zeit für eine sinnvolle Kommunikation mit anderen, bringt uns um den Genuß schmackhafter Mahlzeiten, um Spiele, Fröhlichkeit und um ruhige zufriedene Zeit mit uns selbst. Und was vielleicht am schlimmsten ist: Sie verweigert uns, die Schönheit des Lebens erfahren zu dürfen.

So wie „Total Qualitiy Management", „Process Reengineering" oder „Strategic Alliances" gibt es eine Vielzahl an neuen und weniger neuen Managementpraktiken und -strategien, die Vorteile im Wettbewerb verschaffen und die Erträge steigern sollen. Keine dieser Methoden ist für alle Situationen gleichermaßen geeignet, und nur weil eine bestimmte Strategie in einem anderen Unternehmen zu hervorragenden Ergebnissen geführt hat, muß sie in Ihrer Firma noch lange nicht die gleichen Erfolge erzielen.

Jede dieser Strategien muß der jeweiligen Situation individuell angepaßt werden, und dabei gilt es, eine ganze Reihe an Variablen zu berücksichtigen. Zu diesen gehören die wichtigsten Stärken, die Produkte und Dienstleistungen, der Grad an Technologisierung und die Mitkonkurrenten ebenso wie das Kundenprofil usw.

Sie brauchen eine genau auf Ihre Situation zugeschnittene und kreative Lösung, die das gesamte Umfeld miteinbezieht. Solche kreativen Ideen entwickeln sich vorrangig innerhalb eines Teams. Je mehr also die Entscheidungsträger Zugang zu dessen Kreativität haben, desto einfallsreicher werden auch ihre Lösungen sein.

Wer seine inneren Bedürfnisse nicht beachtet, verbaut seiner Kreativität den Weg. In der angewandten Kreativität kommt das innerste Selbst zum Ausdruck. Und der Schlüssel, um den schöpferischen Reichtum des inneren Selbst freizusetzen, ist ein ausgeglichenes Leben, das die Bedürfnisse dieses mehrdimensionalen Selbst anspricht.

Entscheidend für den Erfolg eines Unternehmens ist die Qualität der Entscheidungen, die von jedem Mitarbeiter Tag für Tag getroffen werden. Dafür jedoch ist Kreativität vonnöten. Es muß also im Interesse des Managers liegen, eine Umgebung zu schaffen, in der alle Beteiligten ein möglichst ausgeglichenes Leben führen können.

FÜHRUNGSVERHALTEN, DAS MOTIVIERT UND DIE EINSATZBEREITSCHAFT FÖRDERT

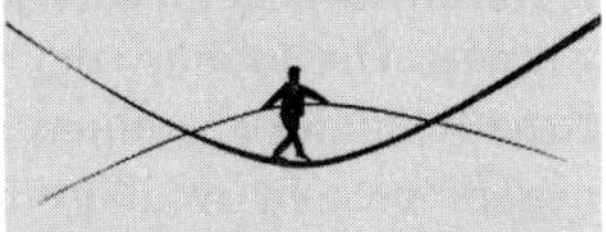

Kapitel 6

Bei vielen Angestellten liegt ein enormes, bislang ungenutztes Potential brach. Zu den Maximen aller Konzerne gehört daher der aufschlußreiche Leitsatz, der die Forderung enthält, das mehr oder minder vorhandene Pflichtbewußtsein, die Begeisterung und die Kreativität eines jeden zu aktivieren. Dem Verhalten des Managers kommt dabei eine Schlüsselrolle zu, dieses Potential nutzbar zu machen.

Um die Erträge zu steigern, können die Unternehmen auf den globalisierten und konkurrierenden Märkten nicht einfach mehr die Preise in die Höhe schrauben, wie sie das immer getan haben. Nur wer die operativen Kosten senkt, wird unter diesen Voraussetzungen mehr Gewinn erzielen. Aber um die operativen Kosten reduzieren, sind gravierende Änderungen vonnöten

Wenn sich eine Firma nicht den permanent sich wandelnden Bedingungen anpaßt und ihre traditionellen Geschäftsgepflogenheiten stur beibehält, wird allein die Inflation dafür sorgen, daß die operativen Kosten steigen. Um also zu überleben und außerdem Erfolg zu haben, müssen die Unternehmen hinsichtlich ihrer Managementpraktiken umdenken und innovativ werden.

Aber eine Innovation kommt nicht einfach von ungefähr. Sie muß aktiv gefördert und in die richtigen Bahnen gelenkt werden. Die Quelle, der jede Innovation entspringt, ist die Kreativität des einzelnen Angestellten. Die Aufgabe des Managers besteht in diesem Fall darin, eine Umgebung zu schaffen, in der sich die Angestellten wohl fühlen und neue Wege im Umgang mit ihrer Arbeit vorschlagen und ausprobieren können.

Um Innovationen praktisch in die Tat umzusetzen, sind Führungsqualitäten und ein Verständnis dessen, wie Menschen sich motivieren lassen, erforderlich. Führungskräfte sollen keine Kontrolle ausüben, sondern andere dazu bringen, zu handeln.

Die meisten hauptverantwortlichen Manager bekleiden ihre gegenwärtigen Positionen, weil sie über bestimmte technische Fertigkeiten oder genaue Produktkenntnisse verfügen. Sie sind ausgebildet, zählbare Resultate zu liefern. Sie waren hervorragende Mitarbeiter, bis sie auf ihre Managerposten berufen wurden. Aber technische Fähigkeiten sind noch lange keine Voraussetzung, um Menschen langfristig zu motivieren oder als Vorbild für Verhaltensänderungen zu dienen.

Alle Angestellten in einem Unternehmen müssen das Gefühl haben, sich für die Kunden, die Dienstleistung und das Produkt persönlich verantwortlich zu fühlen. Nur selten werden vom oberen Management die Zehn-Dollar-Probleme zur Kenntnis genommen, denn hier ist man mit den Zehn-Millionen-Dollar-Problemen beschäftigt.

Aber jeder einzelne kann im Rahmen seiner Möglichkeiten sorgen, daß die Zehn-Dollar-Probleme gelöst werden, indem er Verantwortung dafür übernimmt. Richtet nun jeder sein Augenmerk auf solche Details, so kann das in einem Unternehmen nicht nur zu Innovationen, sondern auch zu Wachstum und zu einer verbesserten Ertragslage führen.

Die folgenden Tabellen sollen veranschaulichen, wie eine Führungskraft in bestimmten Managementsituationen einen

Angestellten sofort positiv motiviert. Die Angestellten wurden dabei gefragt, was sie veranlassen würde, jene 40 Prozent zusätzlicher Leistungsbereitschaft in Form von Begeisterung, Commitment und Kreativität bei der Arbeit im Unternehmen einzubringen.

Wenn die Manager	**Die Angestellten bringen *Begeisterung* ein, wenn**
1. mit persönlichen Gesprächen den Beitrag des einzelnen bzw. der Abteilung sichern und die Ergebnisse weitertragen	1. sie das Gefühl haben, wichtig zu sein und das Ergebnis ihrer Tätigkeit zu Gesicht bekommen – das fertige Produkt
2. auch nach den Dingen sehen, die gut laufen und persönliche positive Rückmeldung geben. Außerdem sollten sie andere Gefühle in Betracht ziehen	2. sie für ihre Anstrengungen auch belohnt werden
3. motivierende Arbeitsbedingungen schaffen. Da die Kontrollfunktionen heute auf immer weiter gefaßte Bereiche ausgedehnt werden, stehen nicht nur weniger Managementstellen, sondern auch entsprechend geringere Aufstiegsmöglichkeiten zur Verfügung. Dadurch sehen sich die Angestellten veranlaßt, ihr Verständnis von Erfolg zu erweitern	3. sie etwas tun können, was ihnen Spaß macht ihnen die Möglichkeit und bietet, zu wachsen und sich selbst zu verwirklichen

Wenn die Manager	**Die Angestellten bringen *Commitment* ein, wenn:**
1. die Politik des Unternehmens auf die Abteilung übertragen und gemeinsam mit ihrem Team einer Maxime folgen – nicht, was wir sind, ist wichtig, sondern wie wir sein sollten	1. sie das Gefühl haben, Teil eines Teams zu sein, das gewinnt und berufliche Fortschritte erzielt
2. andere auffordern, sich aktiv an der Lösung von Problemen zu beteiligen	2. sie mitbestimmen dürfen, auf welche Weise sie ihre Arbeit verrichten
3. den Beitrag des Unternehmens, seiner Produkte und Dienstleistungen an der Gesellschaft und der Menschheit ständig wiederholen	3. sie an den Wert des Endprodukts glauben (seinen Beitrag zur gesamten Gesellschaft)

Wenn die Manager	**Die Angestellten bringen *Kreativität* ein, wenn**
1. ihre Vorstellung von Angestellten als einer bloßen Anzahl an Händen ändern und sie als eine sprudelnde Ideenquelle sehen. Außerdem sollten sie ihre Angestellten regelmäßig fragen, welche besonderen Änderungen sie vorgenommen haben	1. Veränderungen seitens der Unternehmenskultur erwartet und unterstützt werden
2. Zeit zum Nachdenken und zum Zuhören geben	2. sie Zeit zum Nachdenken haben und ihnen zugehört wird
3. das Selbstbewußtsein der Angestellten heben, indem sie jedem von ihnen ein Gefühl der Wichtigkeit geben. Dazu gehört eine Umgebung, in der die Menschen ermutigt werden, zu experimentieren und Risiken zu übernehmen	3. sie sich sicher fühlen, neue Wege gehen zu können und dabei Risiken in Kauf zu nehmen

Was in diesen Beispielen aufgezählt wurde, ist für solche Manager sicher nichts Neues, die mit den gegenwärtigen Trends zur Produktivitätssteigerung in Unternehmen auf dem neuesten Stand sind. Vom intellekten Standpunkt aus gesehen, begreifen Manager sehr wohl, was getan werden muß und wie sie sich als Führungsperson verhalten sollten.

Warum stehen dann in Unternehmen immer noch Seminare an oberster Stelle, in denen es darum geht, wie man mit

„schwierigen Personen“ besser zurechtkommt, obwohl sich solche Unternehmen damit brüsten, eine „Gemeinschaft“ zusammenzuschweißen? Irgend etwas scheint hier zu fehlen, und das gilt ganz besonders für das Management.

Ein Angestellter einer großen Firma erzählte uns einmal, wie der stellvertretende Geschäftsführer eine lange Ansprache an seine Mitarbeiter hielt, nachdem er das Buch von Kenneth Blanchard und Spencer Johnson „Der Minuten-Manager“ gelesen hatte. Dessen Lektüre empfahl er nun jedem Mitarbeiter.

In diesem Buch ist eine der wichtigsten Botschaften an die Manager die, einen Mitarbeiter dann eine Minute zu loben, wenn er etwas richtig gemacht hätte. Dabei konnte sich in der Abteilung dieses stellvertretenden Geschäftsführers niemand daran erinnern, jemals von ihm gelobt worden zu sein. Warum also sehen wir solches Führungsverhalten nicht jeden Tag? Dafür gibt es zwei wesentliche Gründe: einmal einen Mangel an Ausgeglichenheit bei der Arbeit und dann ein allgemein instabiles Leben.

Mangelnde Ausgeglichenheit bei der Arbeit

Eine Führungskraft wird dann in Schwierigkeiten kommen, wenn sie die Zeit, die sie mit technischen Fragen, Management- und Führungsaufgaben verbringt, nicht im Gleichgewicht hält. Für einen leitenden Angestellten ist dies keine einfache Aufgabe, denn sie verlangt eine Kombination von Fertigkeiten und Fähigkeiten in den unterschiedlichsten Bereichen. Nur wenn er diese Fähigkeiten in Balance halten kann, wird er seine Rolle erfolgreich ausfüllen.

Nach den technischen Aufgaben kommen die Anforderungen des Managements, und erst an dritter Stelle stehen die Führungsbelange. Es bleibt einfach keine Zeit für ein persönliches Gespräch mit den Angestellten, wenn der Inhalt des Eingangskorbs auf dem Schreibtisch sich stetig erhöht. Hinzu kommt noch ein anderer Aspekt: Führungsverhalten bringt erst mittel- oder langfristig Erfolge, während die Lösung eines verzwickten technischen Problems sofort Anerkennung und ein Gefühl von Befriedigung bringt. Aufgrund dieser sofortigen Belohnung entscheiden sich viele Manager für den Weg des geringsten Widerstands und widmen sich eher der Lösung technischer Probleme als von Personalangelegenheiten.

Mangelnde Ausgeglichenheit jenseits der Arbeit (ein ausgeglichenes Leben)

Selbst wenn wir ein ziemlich ausgeglichenes Leben führen und auf der Bühne unseres Berufslebens unsere Rolle beherrschen, müssen wir der Wirklichkeit ins Auge sehen. Unsere persönlichen Bedürfnisse verändern sich, je älter wir werden und je weiter wir in unserem Beruf kommen. Diese veränderten Bedürfnisse können sich in außerordentlich heftiger Weise äußern und sehr wohl auch zerstörerisch wirken, wenn wir sie nicht als einen Teil der menschlichen Natur ansehen.

Diese Veränderungen greifen in unsere Beziehungen ebenso ein wie in unsere Karriereziele und in den gewählten Lebensstil, und häufig sind wir darauf gar nicht vorbereitet. Das führt zu inneren Spannungen und belastet außerdem das Verhältnis zu anderen.

Unsere Bedürfnisse und Ziele konkurrieren beispielsweise um die begrenzten Zeit- und Energieressourcen, wenn wir bei unserer Arbeit oder im Privatleben mehr Verantwortung übernehmen müssen. Diesen Konflikt tragen unsere Bedürfnisse nicht nur untereinander aus, sondern eben auch mit der Wirklichkeit der uns umgebenden Welt. Eine Reihe psychologischer Untersuchungen hat ergeben, daß die meisten Führungskräfte vor allem mit ihren persönlichen inneren Konflikten zu kämpfen haben.

Das eigene psychische Haus muß also in Ordnung gehalten werden, wenn man erfolgreich führen will, und das ist ein ziemlicher Balanceakt. Wir müssen lernen, mit diesen unangenehmen Gefühlen umzugehen, denn sie verschwinden nicht einfach, wenn wir sie ignorieren. Unterdrückte Gefühle führen zu einem Verhalten, das einer effizienten Führung entgegensteht.

Führungsverhalten, das die *Begeisterung* der Angestellten nutzt	**Mauern, die durch ungelöste Konflikte eines unausgeglichenen Lebens errichtet werden**
1. Sprechen Sie persönlich mit den Mitarbeitern darüber, welche Rolle der einzelne und die Abteilung im Ganzen spielen und geben Sie die Ergebnisse weiter. Seien Sie sich bewußt, daß mit wachsender Größe eines Unternehmens sich auch die Zahl der Mitarbeiter erhöht, die Arbeitsplätze spezialisierter werden und die Menschen dazu neigen, ihr Zugehörigkeitsgefühl auf ein Minimum zu reduzieren.	1. Der Manager neigt dazu, die rationale oder analytische Seite seines Gehirns zu bevorzugen, weil er seine privaten Gefühle ignoriert. Deshalb wird jede Aktivität, die keine rationalen oder analytischen Fähigkeiten erfordert, abgelehnt oder als reine Zeitverschwendung angesehen.
2. Achten Sie auf das, was gut läuft, und geben Sie dafür persönliches positives Feedback. Denken Sie auch an die Gefühle anderer.	2. Der Manager erlebt keine Erfüllung – selbst dann nicht, wenn die Resultate seines Leistungsvermögens offensichtlich sind. Der Grund dafür ist einfach: Er verneint die Bedürfnisse seines mehrdimensionalen

Führungsverhalten, das die *Begeisterung* der Angestellten nutzt	**Mauern, die durch ungelöste Konflikte eines unausgeglichenen Lebens errichtet werden**
	Selbst. Wenn man mit sich selbst nicht im reinen ist, kann man auch schwer das Positive bei anderen sehen.
3. Sorgen Sie für eine inspirierende Arbeitsatmosphäre. Da die Kontrollfunktionen heute erheblich mehr Bereiche umfassen, gibt es nicht nur weniger Managementstellen, sondern auch geringere Aufstiegsmöglichkeiten. Das hilft den Angestellten, ihren Begriff von Erfolg auszudehnen.	3. Das Delegieren von Aufgaben wird, obwohl seine Bedeutung bekannt ist, sehr selektiv eingesetzt. Der Grund dafür liegt in der Tendenz, alle Aspekte des Lebens vollständig aus der Arbeit zu ziehen. So denken Manager etwa wie folgt: „Dieser Bericht ist für die Geschäftsführung bestimmt, also muß ich ihn selbst schreiben." Aufgrund dieser Denkweise erhalten Untergebene keine Wachstumschancen, und die Firma wird hintergangen.

Führungsverhalten, das das *Commitment* der Angestellten nutzt	**Mauern, die durch ungelöste Konflikte eines unausgeglichenen Lebens errichtet werden**
1. Übersetzen Sie die Bedeutung der Vision des Unternehmens für Ihre Abteilung und teilen Sie diese Ansicht mit der ganzen Gruppe. Diese Vision sollte nicht ein imaginäres Abbild dessen sein, was wir sind, sondern was wir sein sollten. Wie gelangen wir von unserem derzeitigen Stand aus dahin? Werden diese Visionen mit anderen geteilt, so lenken sie die Individuen gemeinsam in eine bestimmte Richtung. Die Führungskraft muß völlig von dieser Vision überzeugt sein und sie weitervermitteln.	1. Eine ständig beschäftigte Führungskraft wird von ihrem Willen zu kontrollieren angetrieben. Sie ist derartig in das Tagesgeschäft verstrickt, daß sie keine Zeit hat, einen Schritt zurück zu tun, um sich das größere Ganze zu vergegenwärtigen und um eine Vision zu entwickeln. Erst wenn ein Manager selbst eine Vision hat, kann er erwarten, daß seine Untergebenen sie mit ihm teilen.
2. Beziehen Sie andere mit ein, indem Sie sie auffordern, sich aktiv an der Lösung von Problemen zu beteiligen.	2. Innere Spannungen werden durch schwelende Konflikte zwischen beruflichen und privaten Belangen ausgelöst. Diese Spannungen verhindern, daß bestimmte Fähigkeiten zum Tragen kommen: etwa zu vermitteln und Informationen zu nutzen. Dabei sind dies die entscheidenden Schritte, um Probleme auszuräumen und Entscheidungen zu treffen.

Führungsverhalten, das das *Commitment* der Angestellten nutzt	**Mauern, die durch ungelöste Konflikte eines unausgeglichenen Lebens errichtet werden**
3. Wiederholen Sie gegenüber den Anstellten immer wieder, welchen Beitrag das Unternehmen, seine Produkte und Dienstleistungen zur Entwicklung der Gesellschaft und der Menschheit leisten.	3. Wenn ein Manager diese Aufgabe nicht als „äußerst dringlich" in seinem Geiste und seinem Terminkalender notiert, wird sie stets von „sehr viel Wichtigerem" verdrängt.

Führungsverhalten, das die *Kreativität* der Angestellten nutzt	**Mauern, die durch ungelöste Konflikte eines unausgeglichenen Lebens errichtet werden**
1. Ändern Sie Ihre Vorstellung von Angestellten als einer bloßen Anzahl von Händen und sehen Sie in ihnen eine sprudelnde Ideenquelle. Geben Sie ihnen Zeit zum Nachdenken und hören Sie ihnen zu.	1. Wer völlig mit sich selbst beschäftigt ist, wird andere nur sehr oberflächlich zur Kenntnis nehmen. Diese Menschen sind so sehr auf sich fixiert, daß sie die subtilen Gefühle anderer nicht wahrnehmen. Außerdem ist es ihnen unmöglich, richtig zuzuhören. Es gelingt ihnen nicht, auf andere Menschen als Individuen einzugehen.

Führungsverhalten, das die *Kreativität* der Angestellten nutzt	**Mauern, die durch ungelöste Konflikte eines unausgeglichenen Lebens errichtet werden**
2. Schaffen Sie eine Umgebung, in der die Menschen ermutigt werden, zu experimentieren und sich auf Risiken einzulassen. Damit stärken Sie auch das Selbstvertrauen anderer.	2. Ist die Frustrationstoleranz eines Managers niedrig, so scheuen Untergebene davor zurück, ihre Meinung zu äußern. Solche auf Angst beruhenden Beziehungen sind weder gesund, noch fördern sie die Spontaneität oder stärken das Selbstvertrauen.
3. Fragen Sie Ihre Angestellten regelmäßig, welche besonderen Änderungen sie in letzter Zeit vorgenommen hätten. Damit erwarten Sie von ihnen, daß sie innovativ sind.	3. Ist ein Manager unsicher oder fürchtet sich davor zu versagen, so wird es ihm auch an Risikobereitschaft bezüglich neuer Projekte oder Arbeitsmethoden mangeln. Das kreative Potential eines Unternehmens wird auf diese Weise abgeblockt, und innovative Lösungen können nicht eingeführt werden.

Viel zu lange haben wir uns vorgemacht, daß sich Personalentwicklung, Arbeitszufriedenheit und Arbeitsmotivation strikt von einem erfüllten und reichen Leben eines Angestellten trennen lassen. Das entspricht aber nicht der Wirklichkeit, denn ein Angestellter führt nun mal kein aufgeteiltes Leben, in dem die unterschiedlichen Belange innerhalb geschlossener Systeme eigenständig agieren.

In Wirklichkeit betreffen persönliche Angelegenheiten das Arbeitsverhalten ebenso, wie berufliche Belange das Privatleben beeinflussen. Das psychische Wohlbefinden ist mit der Arbeitsleistung eines Angestellten untrennbar verbunden.

Kein Angestellter kommt morgens um acht Uhr zur Arbeit, knipst einen Schalter an und sagt: „Jetzt bin ich bei der Arbeit und werde folglich alles vergessen, was sonst noch in meinem Leben vorgeht." Angestellte nehmen stets als ganze Person ihre Tätigkeit auf, und selbst wenn sie ungelöste Konflikte nicht wahrnehmen, so nehmen sie diese gleichwohl mit.

Vor allem die Generation der sogenannten „Baby Boomers" fragt sich, nachdem sie Karriere gemacht, Erfolge erzielt und an Einfluß gewonnen hat: „Gibt es nicht noch etwas anderes?" Diese Generation ist auf der Suche nach einer Anleitung und nach Wegen, wie sie ein Leben im Gleichgewicht führen kann, um ihren hart erkämpften Erfolg auch zu genießen.

Die vormals gültigen Definitionen eines „guten Lebens" werden von ihnen in Frage gestellt. Sie wundern sich, warum es nicht möglich sein soll, private Bedürfnisse mit den Anforderungen eines Berufes in Einklang zu bringen. All dies sind ziemlich grundlegende Fragen, die tiefgreifenden Einfluß auf den Lebensweg dieser Generation nehmen. Der Wunsch nach einem hohen Gehalt wird in dem Maße gedämpft, in dem der einzelne bemüht ist, das „gute Leben" neu zu definieren.

Ein Management kann diese Fragen nicht einfach ignorieren. Und tatsächlich stellen sich ja viele, die heute im Management sitzen, diese Fragen selbst. Fällt das Amerika der Unternehmen auseinander? Da sitzen Menschen, Manager, an ihren Schreibtischen, aber ihre Seele, ihr Antrieb, bleibt unbeteiligt – und das sorgt für ein ständiges Unbehagen.

In den kommenden Jahren werden diese Fragen eine ungeahnte Bedeutung für den Erfolg eines Unternehmens haben. Ob eine Firma floriert oder nicht, hängt von den Beschäftigten des Unternehmens ab. Wenn Sie Ihren Job nicht mit Leib und Seele ausfüllen, leidet das Unternehmen darunter.

Jene Firmen, die sich der besten Managementmethoden bedienen, um ihre Ziele zu verwirklichen, werden im Wettbewerb bestehen. Die neue Managerriege hat mit ihren Vorgängern kaum noch etwas gemein. Der nur auf Ökonomie bedachte Typ wird von der psychologisch geschulten Führungskraft abgelöst – von einem Manager, der jene „höheren Bedürfnisse", von denen Maslow sprach, für wichtig hält.

Sind erst die materiellen Bedürfnisse befriedigt, so werden andere Dinge zu primären Motivationsfaktoren: das Bedürfnis nach Herausforderung und sinnvoller Arbeit, das Bedürfnis nach Beziehungen voller Harmonie und das Bedürfnis nach anregenden und erfüllenden Lebenserfahrungen. Und Enttäuschung macht sich breit, wenn diese Bedürfnisse nicht zufriedengestellt werden.

Sollte es einem Unternehmen nicht gelingen, seine Angestellten als ganzheitliche Menschen anzusprechen, so wird es stagnieren. Und es wird weniger erfolgreich sein als ein Unternehmen, das seine Manager dahingehend unterstützt, sowohl Karriereziele als auch persönliche Belange in Einklang zu bringen.

Es steht außer Zweifel: Persönliche Belange jenseits der Arbeitswelt beeinflussen auf den Tätigkeitsbereich des Managers. Daher können weder das Unternehmen noch der Manager Arbeit und Karriere des einzelnen von den übrigen Aspekten des Lebens trennen.

Mehr denn je hängen Wachstum und Produktivität eines Unternehmens vom Faktor Mensch ab. Daher werden Firmen, die eine solche Tatsache einfach ignorieren, teuer dafür bezahlen.

Können die Menschen in einem Unternehmen wachsen, so wächst auch das Unternehmen. Und daher müßte es im

Eigeninteresse der Firmen liegen, ihren Belegschaften bei der Gestaltung eines ausgeglichenen Lebens behilflich zu sein.

Im 21. Jahrhundert wird dann schließlich der *Return on Investment* – also der Ertrag aus Investitionen, die Maßeinheit, auf die alles zurückzuführen ist – direkt in Bezug gesetzt:

- zum Ertrag aus Kreativität und Innovation,
- zum Ertrag aus Eigeninitiative,
- zum Ertrag aus zwischenmenschlichen Beziehungen.

Dabei sind die von der Führung wiedergegebenen Ideen, Initiativen und Beziehungen lediglich Nebenprodukte einer Belegschaft, die einen Zugang zu ihren inneren Quellen gefunden hat.

Das Familien-Selbst: Der erfüllende Teil des Selbst – ein Schlüssel zu den Fähigkeiten der Menschen

Kapitel 7

> Wenn es keinen Frieden gibt, dann liegt das daran, daß wir vergessen haben, daß wir zueinander gehören.
>
> *Mutter Theresa*

Welche Bedeutung messen Menschen ihren jeweiligen Wertvorstellungen bei? Dieser Frage haben sich viele Studien gewidmet, und ihre Ergebnisse konnten wir in unseren Seminaren zur ausgeglichenen Lebensführung ebenso bestätigen wie durch Beobachtungen des Führungsverhaltens. Die meisten Menschen ordnen ihre vier wichtigsten Lebenswerte wie folgt ein:

1. Familie/Freunde (Liebe/Zugehörigkeit)
2. Innerer Friede (Selbstwert)
3 Gesundheit (Freizeit)
4. Arbeit (Anerkennung/Karriere)

Gibt man den Menschen die Möglichkeit, darüber nachzudenken, was für sie wirklich von Bedeutung ist, so rangiert die Arbeit erst an vierter Stelle. Aber in der Praxis wird der Arbeit der größte Anteil an Zeit und Energie eingeräumt.

Die Absicht dieses Kapitels ist, zu zeigen, wie sich die vier Teile unseres Modells eines ausgeglichenen Lebens gegenseitig ergänzen und verbessern können. Auf diese Weise vermeiden wir, daß die unbefriedigten Bedürfnisse untereinander um unsere kostbare Zeit ringen.

Gibt es einen Konflikt zwischen dem Zugehörigkeits-Selbst und dem Anerkennungs-Selbst oder können sich beide ergänzen?

Das *Anerkennungs-Selbst* stellt einige sehr wichtige menschliche Bedürfnisse zufrieden:

1. *das Bedürfnis, jemand zu sein:* Die Stellung in der Unternehmenshierarchie, den Titel, den beruflichen Erfolg – sie alle tragen dann bei, dieses Bedürfnis zufriedenzustellen.
2. *das Bedürfnis nach innerem Wachstum:* Wir erfahren inneres Wachstum, wenn wir Probleme lösen und erfolgreich Herausforderungen begegnen.

3. *das Bedürfnis nach materiellen Werten:* Wir haben grundlegende menschliche Notwendigkeiten ebenso zu berücksichtigen, wie wir den Luxus wollen.
4. *das Bedürfnis, sich selbst auszudrücken:* Die Gelegenheit, sich selbst zum Ausdruck zu bringen, wird durch die Arbeit und den Beruf unterstützt.
5. *das Bedürfnis, etwas vollendet zu haben:* Wenn wir Aufgaben erfüllen oder Projekte abschließen, gibt uns das ein Gefühl, etwas erreicht zu haben.

Im beruflichen Erfolg liegt eine große Verführung, denn Karriere und materieller Wohlstand werden nicht nur von den Menschen um uns herum, sondern auch von der ganzen Gesellschaft extrem einseitig verstärkt.

Uns allen ist ziemlich klar, daß wir einfallsreich und voller Vorstellungskraft sein müssen, um Erfolg im Arbeitsleben zu haben. Um die nächste Beförderung oder die Gehaltserhöhung zu bekommen, sollten wir unseren Vorgesetzten zeigen: Wir haben mehr zu bieten als die anderen.

Aber im Laufe der Zeit werden wir in unseren Beziehungen dumpf und einfallslos. Wir geben über die Jahre unsere spielerischen und verrückten Einfälle auf, wobei wir doch im Gegenteil noch viel einfallsreicher sein sollten, um uns die Romantik und die Kreativität zu erhalten.

Unser beruflicher Erfolg läßt uns immer weniger Zeit für unser privates Leben – Liebe, Freizeit und Selbstwert kommen zu kurz. Und es gibt noch eine sehr unterschwellige Veränderung, die den Bedürfnissen der Liebe und der Zugehörigkeit entgegenwirkt. Je erfolgreicher und mächtiger wir werden, desto mehr zollen uns die Menschen im Arbeitsleben Respekt. Diesen Respekt erwarten wir dann von unseren Mitbewohnern ebenso und errichten auf diese Weise eine natürliche Barriere vor jeder Spontaneität, die unersetzlich ist, um Freude zu empfinden.

In einer gesunden Beziehung haben beide Partner gleiche Erwartungen an gegenseitigen Respekt und Rücksichtnahme – nicht mehr, aber auch nicht weniger. Sich von Fall zu Fall einzugestehen, fehlbar zu sein, ist Bestandteil jeder funktionierenden Beziehung. Aber genau dies fällt erfolgreichen Menschen zunehmend schwerer, eine Erfahrung, die ich in vielen Seminaren gemacht habe.

Ein ausgeglichenes Leben läßt sich nicht in irgendeine vage Zukunft verlegen. Jeden Tag, jede Woche, jeden Monat muß das Zugehörigkeits-Selbst Beachtung finden, und dies gilt vor allem, wenn die Kinder noch klein sind. Wie oft haben Sie sich selbst schon gesagt oder es von anderen gehört: „Die Kinder werden so schnell groß."

Wir erfahren einen Konflikt zwischen den drei uns wichtigsten Wertmaßstäben und der Arbeit, weil wir zuviel Zeit der Karriere, dem vierten Wertmaßstab, opfern. Widmen

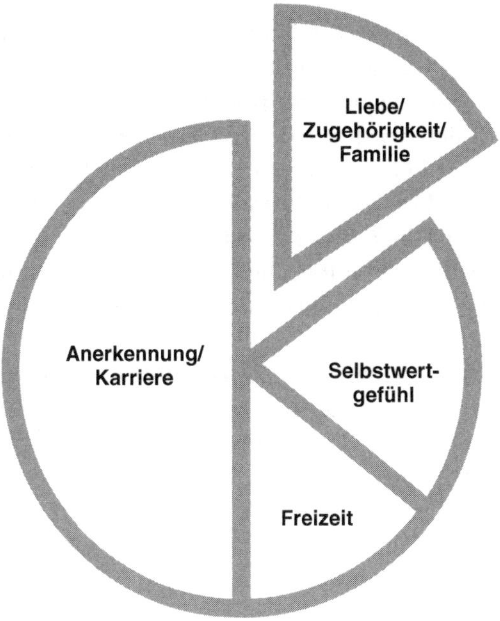

wir uns lediglich den Bedürfnissen eines Teils unseres Lebens/unseres Selbst, dann erfahren wir den Konflikt zwischen Karriere und privatem Leben.

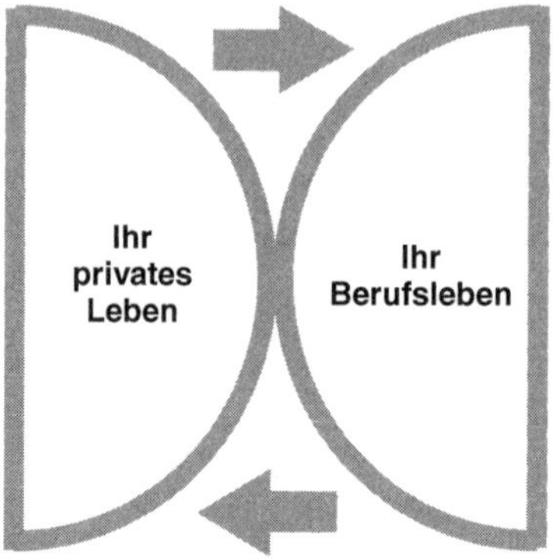

Wenn Sie das Leben nur in Teilen sehen

Wenn wir aber erkennen, daß wir als Menschen eine Ganzheit sind und unser Leben als Ganzes betrachten, wird uns auch klar, wie sehr wir alle Teile brauchen, um glücklich zu sein. Natürlich wird dieser Konflikt zwischen Arbeitswelt und privatem Leben so lange bestehen bleiben, wie wir die jeweiligen Bedürfnisse in Stunden umrechnen. Die quantitative Sicht der Dinge sind Aussagen wie: „Wenn ich nur noch vier Stunden mehr habe, dann kann ich noch einen Verkaufsabschluß tätigen oder an dieser Besprechung teilnehmen."

Dieser Konflikt läßt sich leichter lösen, wenn wir unsere Aufmerksamkeit von der Quantität ab- und zur Qualität des Lebens hinwenden. Sie sollten dabei Ihr ganzes Leben ins Blickfeld nehmen – nicht nur Ihr Arbeitsleben – und sich sagen, daß die Firma schon nicht daran zugrunde gehen wird, wenn Sie sich Zeit für Ihre Familie und Freunde nehmen.

Diese Aufmerksamkeitsverschiebung läßt den als wichtigsten genannten Wert tatsächlich über die Arbeit siegen.

Streß bei der Arbeit hat sicher keinen so weitgehenden Einfluß auf das Familienleben, wie sich umgekehrt familiäre Probleme nachhaltig auf die Arbeitsleistung auswirken.

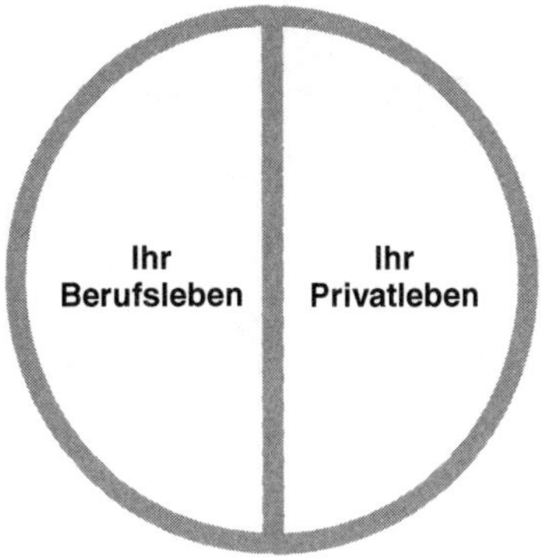

Wenn Sie Ihr Leben als Ganzes sehen

> Es dauerte lange, bis ich begriffen hatte, was im Leben wirklich zählt. Eine Zeitlang habe ich mir viel angeschafft – mir dies und das gekauft, das teuerste Auto geleistet, ja sogar zwei davon. Aber all diese Dinge, die einem gehören, sagen eben nichts darüber aus, wer man wirklich ist und welchen Sinn das Leben macht.
>
> Möglicherweise habe ich nun begriffen, was Glück ist: meine Familie, meine Frau und meine Kinder. Ich habe kapiert, was mein Vater mir durch seinen Lebensstil zeigen wollte: zu unterscheiden, was wichtig und was unwichtig ist. Wir sind nur für kurze Zeit auf dieser Erde. Laßt uns diese Zeit genießen – was immer auch geschieht. Ich bin dankbar für jeden Tag. Den Kindern geht es gut, und wir lieben uns. Nur das ist es, was zählt.
>
> John Candy
> Interview im Magazin *Parade*, 3. Mai 1992

Das Zugehörigkeits-Selbst und die anderen

Es gibt zwei Möglichkeiten, ein ausgeglichenes Leben und zwischenmenschliche Beziehungen zu sehen: als Ganzes oder als Konflikt. So können wir unseren Partner und die

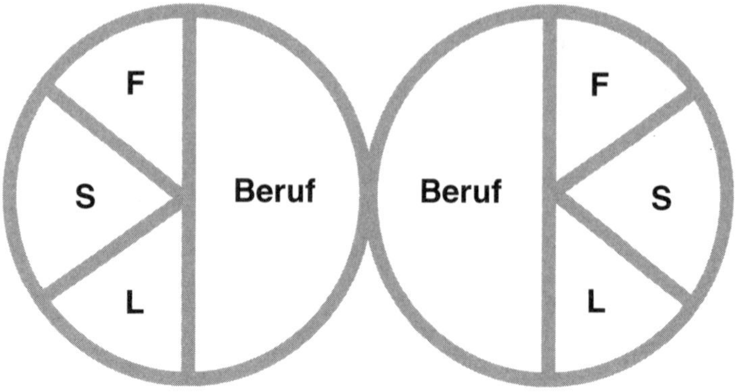

Das sind Sie *Sie/Ein für Sie wichtiger Anderer*

Kinder als elende Zeitfresser verstehen oder als reine Energiebringer, die uns motivieren weiterzumachen.

Dieser scheinbare Widerspruch hebt sich auf, wenn wir unsere Aufmerksamkeit weniger den Selbstinteressen als den gemeinsamen Anliegen zuwenden. Jeder Partner hat Bedürfnisse im Bereich Liebe/Familie/Zugehörigkeit, die nur durch eine andere Person zufriedengestellt werden können. Entscheidend für die Beziehungsansprüche des Liebe-Selbst sind familiäre Beziehungen. Sie helfen dem einzelnen, diese Bedürfnisse zu befriedigen. Wer solche Beziehungen aufbauen will, der sollte anerkennen, daß sich die Bedürfnisse der Partner wechselseitig ergänzen und nicht miteinander konkurrieren. Auf diese Weise erhalten Beziehungen Energie und neigen nicht dazu, den anderen auszusaugen.

> In unseren westlichen Gesellschaften sind die Ideale, nach denen wir streben, Vergnügen, Komfort und Unabhängigkeit. Der Familie erwächst dadurch eine große Gefahr, denn die Menschen verschließen ihr Herz und werden egoistisch. Die Angst vor ständigen Zugeständnissen kann die gegenseitige Liebe von Mann und Frau in Selbstverliebtheit verwandeln, die mit einer Scheidung endet. Jeder Partner muß sich nicht nur um sein Le-

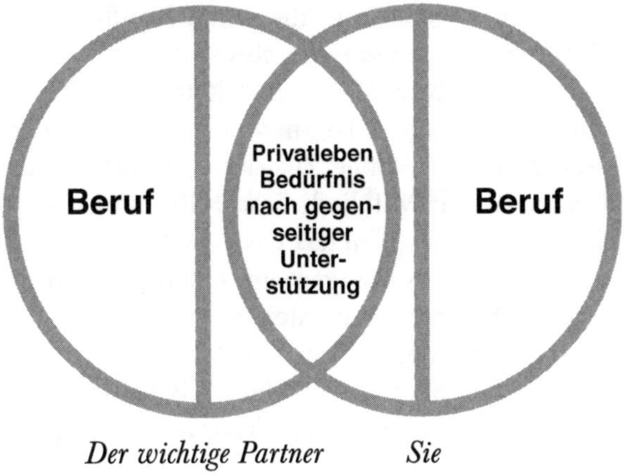

ben kümmern, sondern auch um die Bedürfnisse, Hoffnungen und Ideale der anderen Familienmitglieder.

Papst Johannes Paul II.
während seines Amerikabesuchs 1979
(Bericht aus dem Magazin *Parade*, 3. Mai 1992)

Wenn wir alle unsere Bedürfnisse in Betracht ziehen, dann verschwindet der Konflikt zwischen den Bedürfnissen des Selbst und denen der Gemeinschaft. Wir sind soziale Wesen und wir brauchen Menschen zum Leben. Tausende von Vereinen, Verbänden und Interessengruppen haben nur ein Ziel: Menschen mit ähnlichen Interessen zusammenzubringen.

Dabei gibt es tatsächlich keinen Konflikt zwischen den Verpflichtungen gegenüber uns selbst und einer größeren Einheit, sei es nun eine Beziehung oder eine Gemeinschaft. Denn wenn wir uns einer Beziehung zuwenden, dann wenden wir uns damit automatisch auch einem Teil unseres Selbst zu: der Liebe und dem Zugehörigkeitsgefühl. Haben wir das erst einmal begriffen, so fällt es uns auch leicht, Anforderungen zu widerstehen, die einen Konflikt mit einem ausgeglichenen Leben heraufbeschwören.

Madan Birla: Kürzlich veranstaltete der Exekutivausschuß unseres indischen Kulturzentrums ein Abendessen, mit dessen Erlös wohltätige Zwecke verbunden waren. Da ich seit zehn Jahren Mitglied dieses Gremiums bin, unterstützte ich das Projekt. Weil das Essen aber am Freitagabend stattfand, mußte ich es absagen, um einen Konflikt mit meinen geplanten Familienaktivitäten zu vermeiden.

Meine Tochter, meine Frau und ich testeten an diesem Abend ein in der Stadt neueröffnetes italienisches Restaurant. Wäre ich zu der Wohltätigkeitsveranstaltung gegangen, hätte ich nichts von den chemischen Experimenten meiner Tochter erfahren, nichts von ihrem Schulausflug und nichts über ihre Noten in den letzten Klassenarbeiten. Das Sahnehäubchen auf dem Eis dieses Abends allerdings war, zusammen mit der ganzen Familie noch erleben zu können, wie unsere seit drei Spielen erfolglose Basketballmannschaft wieder einen Sieg feierte. Alles in allem war es ein perfekter Abend.

Wenn ich an meine Kindheit zurückdenke, dann sind die glücklichsten Erinnerungen die an alljährliche Familienfeiern mit ihren Speisen, ihrer Fröhlichkeit, ihren Andachten und der Musik. Solche Rituale und Traditionen sind besonders wichtig, denn sie sorgen in der Erfahrung einer Familie für eine gewisse Kontinuität und geben zudem das Gefühl, eine Einheit zu sein. Sie machen einerseits richtig Spaß und stellen zum anderen das Bedürfnis nach Zusammenhalt zufrieden, das in dieser sich ständig ändernden Welt so wichtig ist.

In unserer Familie werden jedes Jahr zwischen acht und zehn Feiern abgehalten: Geburtstage, Jahrestage, indische Festtage, Erntedank, Weihnachten zusammen mit der Familie des Bruders meiner Frau, eine große Valentinstagsfeier usw. Unser Zugehörigkeits-Selbst ist dann zufriedengestellt, wenn wir uns mit anderen verbunden fühlen. Wir gehen Beziehungen ein, um uns nicht einsam zu fühlen. Der Zusammenschluß der beiden Zugehörigkeits-Selbst zweier Personen erfolgt durch ein wunderbares Gefühl: Liebe.

Mir geht es wie Ihnen. Ich habe mir Ziele gesetzt und mir, nachdem ich sie verwirklicht hatte, noch höhere Ziele gesetzt. Eines meiner allerhöchsten Ziele ist es, heute und im nächsten Monat und im kommenden Jahr und in fünf Jahren ein ausgeglichenes Leben zu führen.

Das Zugehörigkeits-Selbst und das spirituelle Selbst
Auch wir sind Teil der wunderbaren und schönen Schöpfung. Wenn wir den Kontakt zu anderen Wegen und Dingen dieser Schöpfung suchen, werden unser spirituelles Selbst und unser Selbstwert-Selbst zur Ruhe kommen. Solche Kontakte können zustande kommen zu:

- anderen Menschen – einem wichtigen anderen,
- einer Gruppe Menschen – der Familie oder Freunden,
- einer noch größeren Gruppe – der Gesellschaft, in der wir leben,
- der Welt, in der wir leben – den Menschen anderer Länder oder Kulturkreisen,
- Haustieren, Tieren,
- allem, was wächst: Pflanzen, Blumen usw.,
- der Natur: Wälder, Berge, Flüsse, Seen, dem Meer usw.,
- dem inneren Selbst,
- höheren Mächten.

Die Autorin Jean Grasso Fitzpatrick erinnert uns in ihrem weisen Buch über die spirituelle Entwicklung von Kindern daran, daß es viele Gesichter der Spiritualität gibt. Und eines dieser Gesichter spiegelt sich in den Kindern wider.

Nach einer besonders anstrengenden Woche wurde die Koautorin von ihrer achtjährigen Tochter auf diese Weisheit hingewiesen. Das Kind begrüßte sie jeden Morgen mit

„Schau mal Mutti, es ist wieder ein schöner Tag.“ Dem Kind wurde nach mehreren Wochen regnerischen Wetters bewußt, welche wunderbare Gabe Sonnenschein und blauer Himmel sein konnten. Welch ein herrlicher Tagesbeginn!

Die Koautorin wiederum neigte dazu, jeden Tag mit einer Noch-zu-erledigen-Liste zu beginnen. Aber dieser kurze Moment, in dem sie ihrem Kind zuhörte, stärkte nicht nur ihre gegenseitige Beziehung, sondern bereicherte sie auch spirituell. Ohne solch einen spirituellen Blickwinkel kann sich jeder Tag leicht in eine endlose Aneinanderreihung von Aufgaben verwandeln.

In vielen etablierten Religionen wird ebenfalls großer Wert auf gute Beziehungen gelegt, und auch innerhalb anderer Gruppierungen, die sich dem spirituellen Wachstum verschrieben haben, ist dies ein Thema von großer Bedeutung. Daß die in Kirchen, Synagogen, Tempeln und Moscheen versammelten Menschen sich gegenseitig im Glauben bestärken, ist sicher kein Zufall. Hier gibt es keinen Wettbewerb zwischen persönlichem und spirituellem Wachstum, sondern beides wird als ein sich ergänzender und komplexer Prozeß gesehen. Unsere persönlichen und spirituellen Bedürfnisse können sich gegenseitig stützen, und das erfahren wir, wenn wir unser Leben als Ganzes sehen und nicht nur die einzelnen Aspekte betrachten.

Aber Achtung: Es gibt eine Art von Beziehungen, die sich mit persönlichem und spirituellem Wachstum gar nicht vertragen – und das sind Abhängigkeiten. Sie sorgen im Gegenteil für einen Entwicklungsstillstand und für ein verzögertes inneres Wachstum.

Wer sein Leben durch das eines anderen Menschen lebt, befindet sich in einer solchen abhängigen Beziehung. Meist versucht man dabei durch Manipulationen, Betteln, Zwang, Täuschung oder Schutz einem anderen Menschen den eigenen Willen aufzuzwingen:

- ein Elternteil, der den ausufernden und unangemessenen Wünschen der Kinder keinen Widerstand leisten kann,
- ein Ehemann, der seiner Frau finanzielle Probleme verheimlicht, um sie zu „schonen",
- ein Jugendlicher, der unfähig ist, sich bezüglich seiner privaten und beruflichen Bedürfnisse von seinen Eltern „abzunabeln".

All diese Personen stecken in Beziehungen, die gegenseitiges Wachstum und eine Entwicklung eher hemmen als fördern.

Um solch eine Abhängigkeitsbeziehung zu verändern, muß man sie glücklicherweise nicht beenden. Häufig sind beispielsweise Eltern überrascht, was geschieht, wenn sie ihren Kindern deutliche Grenzen aufzeigen. Erinnern Sie sich noch an die Geschichte von Bob? Für ihn als gerade geschiedenem Elternteil war es notwendig, von seinen Kindern mehr Verantwortung im Haushalt zu verlangen und einige ihrer teuren Gewohnheiten zu kürzen:

> Die ersten Wochen waren nicht gerade toll. Ich fühlte mich angespannt und bezog die Verteidigungsstellung, als ich von den Kindern verlangte, bei der Hausarbeit zu helfen und die regelmäßigen Besuche im Fast-food-Restaurant einzuschränken. Die Kinder reagierten gereizt und zeigten zunächst keinerlei Bereitschaft zur Zusammenarbeit. Es war ein fürchterliches Gejammer! Was sich veränderte, geschah so langsam, daß ich es oft gar nicht mitbekam. Eines Freitagabends, als ich von der Arbeit nach Hause kam, hatten die Kinder sogar noch zusätzliche Arbeiten übernommen und selbst für den geplanten Wochenendausflug schon unser Gepäck vorbereitet.

Der Nutzen solch einer veränderten Beziehung geht weit über die verbesserten Haushaltspflichten hinaus. Bobs Kinder hätten von keinem Lehrer und keinem Buch positivere Erfahrungen vermittelt bekommen können als durch ihre eigene Familie. Sie konnten aus erster Hand erleben, was gegenseitiger Respekt im wirklichen Leben bewirkt.

Lassen Sie uns diese Erfahrungen einmal in unser Schema eines ausgeglichenen Lebens einordnen. Wir sehen dann, wie bei allen Beteiligten das Zugehörigkeits-Selbst gedeiht und positive Einflüsse auf die anderen Bereiche der ganzen Person nimmt.

Das Zugehörigkeits-Selbst, die Gesundheit und die Freizeit

Einen charakteristischen Zug an unserem Modell eines ausgeglichenen Lebens haben wir ja bereits vorgestellt: Alle vier Bereiche des Selbst unterstützen sich wechselseitig. Und so hilft gleichfalls das Liebe- beziehungsweise Zugehörigkeits-Selbst dabei, gesund zu werden, es zu bleiben und Freizeit auch erfahren zu können. Auf der Bewertung der Lebenswertvorstellungen standen Gesundheit und Freizeit auf Platz drei.

> Es gibt eine ganze Reihe neuer Studien aus Berkeley und anderen führenden Gesundheitsorganisationen, die folgenden Zusammenhang belegen: Um Krankheiten zu widerstehen, kann die von nahen Angehörigen erbrachte emotionale Unterstützung wichtiger sein als chirurgischer Fortschritt, Medikamente oder freiverkäufliche Vitamine. Einsamkeit und soziale Isolation bedeuten Streß, und dieser Streß steht – das belegen die Studien immer wieder – in einem direkten Zusammenhang mit der Erkrankungs- beziehungsweise der Sterblichkeitsrate. Die Wissenschaft hat gezeigt, wie wahr der berühmte Song der Beatles für den Umgang mit Streß ist, nämlich: Yes I get by with a little help from my friends.
>
> Aus *Wellness Letter,*
> University of California, Berkeley

Aber nicht nur für die Gegenwart kann ein ausgeglichener Lebensstil hilfreich sein – sondern er bereitet auch auf einen erfüllten und gesunden Lebensabend vor. Dank eines ausgeglichenen Lebensstils wurde Ihnen die Chance zuteil, andere Interessen und Aktivitäten zu verfolgen, die nun den Platz der Vollzeitarbeit einnehmen können. Aber viel wichtiger ist, daß das Zugehörigkeits-Selbst Ihnen die Möglichkeit eröffnet hat, ein System sozialer Unterstützung aufzubauen – Menschen um sich zu haben, die sich um Sie kümmern und um die Sie sich kümmern. Tiefergehende Freundschaften und Beziehungen aufzubauen erfordert, daß Sie lange daran arbeiten. Dies bestätigt folgendes Zitat:

> Immer noch sieht niemand eine Blume – sie ist wirklich so klein – wir haben keine Zeit – und wir brauchen Zeit, um zu sehen, ebenso wie wir Zeit für einen Freund brauchen.
>
> Georgia O'Keeffe

Beziehungen entwickeln sich mit der Zeit, das haben wir bereits besprochen. Sie bedeuten das Selbst zu teilen: Zeit und Energie aufzuwenden, um gemeinsam etwas zu erleben, Spaß zu haben, sich auszutauschen und einfach gegenwärtig zu sein, um mit dem anderen Freud und Leid zu teilen.

Erst im Jahr 1997 begann der Autor über seinen Ruhestand nachzudenken. Bis dahin galt, daß Ruhestand etwas für alte Leute ist und er noch jung sei. Mittlerweile marschiere ich stramm auf die Fünfzig zu, und es scheint gar nicht mehr so lange hin zu sein. Schwer zu glauben, aber ich war 25 Jahre lang in Unternehmen tätig gewesen, und dann scheint einem das Dutzend Jahre bis zum Alter von 62, meinem Wunschalter für den Ruhestand, relativ kurz zu sein. Dabei will ich mich nicht völlig zurückziehen, sondern weiterhin als professioneller Managementberater arbeiten. Ich würde auch gern sozial aktiv bleiben und mit meinen unterstützenden Beziehungen leben.

Das Zugehörigkeits-Selbst und das Selbstvertrauen

Vielleicht ertappen Sie sich ja selbst dabei, wie Sie versuchen, anderen Personen Fehler nachzuweisen, oder gemein zu ihnen sind. Das deutet auf eine Unzufriedenheit und eine Verunsicherung bei Ihnen hin.

Häufig neigen wir dazu, Unzufriedenheit und Unsicherheit hinter bösartigem Verhalten zu verstecken. Wir können mit dem Gefühl des Unglücklichseins in unserem Leben nicht auf eine gesunde Art und Weise umgehen. Leider gibt es viele solche Menschen sowohl im Arbeitsleben als auch in der Gesellschaft.

Einem anderen Menschen können Sie nur schwerlich helfen, sein unerfülltes Dasein zu verbessern. Aber Sie können sicherstellen, daß Ihr eigenes Leben erfüllt ist. Dann wird die Art, wie andere Menschen Fehler bei Ihnen suchen, Ihr Leben nicht beeinträchtigen.

Wenn Sie aber die Bedürfnisse der Ihnen innewohnenden vier Komponenten nicht erfüllen, dann könnten Sie diese Perfektion von anderen Leuten in Ihrem Leben erwarten. Der Autor kann sich an Zeiten in seinem Leben erinnern, in denen er unzufrieden mit seiner Karriere war und nun bei seiner Frau und den Kindern voraussetzte, daß sie keinen Makel aufwiesen. Ich kam nach Hause und fand immer einen Grund, mich aufzuregen.

Aber nachdem ich eingesehen hatte, daß ich eben nicht alle drei Jahre befördert werden würde, suchte ich nach anderen Feldern, auf denen ich inneres Wachstum erfahren konnte. Ich bat meinen Chef, mir Aufgaben außerhalb meines damaligen Verantwortungsbereichs zuzuweisen. So bekam ich die Chance, mehr über das operative Geschäft bei Federal Express zu lernen, und vermittelte mir außerdem einen ganz neuen Eindruck dieser Firma.

Diesen Abstecher in einen anderen Geschäftsbereich habe ich sehr genossen. Er stellte sich als jene Herausforderung heraus, die ich nach zehn Jahren in immer derselben Abteilung einfach brauchte. Bereits nach neun Monaten Teilzeitarbeit in dem neuen Bereich wurde mir angeboten, das Management ganz zu übernehmen. Damit war ich Teil der strategischen Planungsgruppe, und hier wurde ich nicht nur gefordert, sondern konnte auch meine Kreativität unter Beweis stellen.

An dieser Stelle sollen zwei Punkte angemerkt werden:

1. Das ungelöste Karriere-Selbst beeinflußte mein Zugehörigkeits-Selbst. In dem Moment, in dem ich das annahm und beschloß, dieses Problem aktiv anzugehen, verbesserten sich sowohl mein berufliches als auch mein Privatleben.
2. Warum habe ich diese Option vielen anderen Möglichkeiten vorgezogen? Die meisten Führungskräfte erhalten Anrufe von Personalvermittlern, sogenannten „Kopfjägern“. Mir wurden auf diese Weise Arbeitsstellen in anderen Städten angeboten. Zwar hätten diese neuen Aufgaben aufgrund finanzieller Anreize und erhöhter Verantwortung die Wachstumsbedürnisse meines Karriere-Selbst zufriedengestellt – jedoch um den Preis gravierender Nachteile für mein Zugehörigkeits-Selbst. Meine Frau drückte zu dieser Zeit die Schulbank, um Informatik zu studieren, und mein Sohn stand kurz vor der Reifeprüfung. Hätte ich darauf bestanden, wären sie natürlich mit mir umgezogen, aber glücklich wäre solch ein Ortswechsel nicht gewesen. Die richtige Entscheidung konnte ich treffen, weil ich mich an meinem ganzen Selbst orientierte.

Selbstvertrauen gewinnt man, wenn man sich besser kennt und auch annimmt. Dann fällt es auch leicht, andere so anzunehmen, wie sie sind, und der Versuchung zu widerstehen, sie verändern zu wollen.

In dem Moment, in dem Sie aufhören, unerfüllbare Erwartungen an andere zu richten, werden Sie sich über das freuen, was diese anderen Ihnen anzubieten haben – und das ist eine ganze Menge! Oft sind wir richtiggehend schockiert zu erfahren, daß andere enttäuscht sind, wenn wir uns nicht erwartungsgemäß verhalten.

Ein Leben im Gleichgewicht und die Sexualität

Es sind vor allem Seitensprünge, die sich auf unser Zugehörigkeits-Selbst äußerst negativ auswirken. Auch bei diesem Verhalten kann unser Modell eines Lebens im Gleichgewicht hilfreich sein. Immer wieder sehen oder hören wir von erfolgreichen Menschen aller Couleur – Politikern, Geschäftsleuten, Juristen, Akademikern –, daß sie in Affären verwickelt sind, in denen sie alles aufs Spiel setzen, was sie beruflich und privat erreicht haben.

Unser Körper hat Bedürfnisse und Wünsche, und zu ihnen gehört auch die Sexualität. Diese körperlichen und sexuellen Bedürfnisse sind Teil eines erfüllten Lebens und haben deshalb in unserem Modell eines ausgeglichenen Lebens ihren Platz. Wir sind ebenso körperliche wie geistige, spirituelle und emotionale Wesen.

Die Schwierigkeiten tauchen in dem Moment auf, in dem körperliche Wünsche und Bedürfnisse einen schlechten Einfluß auf andere Bedürfnisse und Ziele nehmen. Menschen unterscheiden sich von Tieren, indem sie unterscheiden können – unterscheiden, ob etwas einem langfristigen Ziel oder nur momentaner Bedürfnisbefriedigung dient. Glück und Zufriedenheit sind sozusagen Abfallprodukte, wenn die Menschen das Leben in all seiner Erfülltheit genießen. Wer das verstanden hat, kann selbst entscheiden, was ihm dazu verhilft oder ihm eher im Wege steht.

Sexuelles Verlangen ist sehr mächtig. Es kann uns dazu verleiten, Dinge zu tun, die nicht in unseren Absichten liegen, wenn wir es nicht willentlich kontrollieren und ausrichten können. In bezug auf eine sexuelle Beziehung bzw. eine Affäre stellen sich nach unserem Modell folgende Fragen:

1. Will ich meine Ehe und meine Familie wirklich für einen flüchtigen Seitensprung aufs Spiel setzen und damit mein Zugehörigkeits-Selbst gefährden?

2. Möchte ich wirklich die Entwicklung meines spirituellen Selbst gefährden?

Diese Fragen verschieben die Blickrichtung von einem eindimensionalen Selbst (körperlich/sexuell) hin zu einem mehrdimensionalen ganzen Selbst. Außerdem werden im Entscheidungsfindungsprozeß noch das Zugehörigkeits-Selbst und das spirituelle Selbst hinzugezogen. Im Grunde ähnelt der Vorgang wichtigen Entscheidungen, die vom gesamten Management getroffen werden. Auch hier hat das Team Vorrang vor dem einzelnen, der immer nur über eine begrenzte Menge an Informationen verfügt.

Menschen können ihr Leben als erfüllt erfahren – das zeichnet sie aus. Dazu aber müssen Körper, Geist und Seele im Einklang miteinander stehen. Unser Geist wird zum Sklaven unserer Wünsche, wenn wir nicht in körperlicher, geistiger und spiritueller Harmonie leben. Sinnliche Lust hält unseren Geist gefangen, und wir verlieren die Fähigkeit zu unterscheiden, was richtig und was falsch ist.

Dabei ist es ganz einfach: Richtig ist, was uns ermöglicht, in Frieden mit uns, den Mitmenschen und der Gesellschaft zu leben. Richtig ist auch, was es uns möglich macht, unser Leben in Freude und in aller Fülle zu führen. Ohne Seelenfrieden gibt es keine Freude.

Finden Sie das nicht einfach? Nein? Ist es das nicht wert? Die Entscheidung liegt bei Ihnen!

Das große Ganze: das Zugehörigkeits-Selbst und das ganze Selbst

Sicherlich kennen Sie jemanden, der anscheinend alles hat und den Sie als erfolgreich und glücklich einschätzen. Aber dieses Bild ändert sich, wenn wir mit einem solchen Menschen eine gewisse Zeit verbracht haben.

Nachdem man über die erfolgreiche Karriere, die materiellen Besitztümer und das aktive soziale Leben gesprochen hat, tauchen immer häufiger Bemerkungen wie diese auf:

„Andere denken immer, ich hätte alles. Aber oft habe ich das Gefühl, daß etwas zu fehlen scheint."

Was da fehlt, sind die bestehenden Bedürfnisse des Zugehörigkeits-Selbst und des spirituellen Selbst. Sicher sind alle körperlichen Bedürfnisse abgedeckt, aber das Zugehörigkeits-Selbst verlangt nach sinnvollen und umsorgenden Beziehungen, und das ganze Selbst fordert die Ausgeglichenheit ein.

Als der Sohn des Autors seine Studienwahl treffen sollte, sind Vater und Sohn zur Universität Michigan nach Ann Arbor gefahren. Auf der Rückfahrt fragte er mich: „Ist es für dich nicht ein großes Opfer, all die Studiengebühren und die anderen Kosten tragen zu müssen?" Ich erwiderte: „Nein, denn ich wußte, daß das auf mich zukommt, und habe das Geld gespart. Du mußt dir keine Sorgen machen. Für deine Mutter und mich gehört es zu den schönsten Dingen im Leben, dir und deiner Schwester zu helfen und euch aufwachsen zu sehen. Es ist mir eine Freude, dir bei der Entwicklung deines Potentials behilflich sein zu können, und es ist überhaupt kein Opfer. Meine Definition von Erfolg ist, dich mit einer Grundlage für die Entscheidungen in deinem Leben zu versehen."

Meinen eigenen Eltern habe ich als wichtigsten Teil meines Erfolges vier Gaben zu verdanken:

1. Erziehung,
2. den Glauben an mich selbst,
3. den Glauben an den Schöpfer und tägliche spirituelle Rituale,
4. ein liebevolles Zuhause, in das ich immer gehöre und das ich auch jederzeit aufsuchen kann.

Ich würde für meinen Teil gern dazu beitragen, meinen eigenen Kindern diese vier Gaben ebenfalls mit auf den Weg zu geben.

Wir müssen unsere Zeit und unser Geld einteilen. Die Entscheidung, wie dies geschehen soll, fällt uns vor dem Hintergrund unserer Lebenswerte und der Prioritäten leicht. Um das Geld für die Ausbildung der Kinder zur Seite zu legen, fuhr ich acht Jahre lang einen alten Wagen mit geräuschvollem Dieselmotor – aber das machte mir nichts aus. Ich sparte mir so die Raten für ein neues Auto und konnte obendrein noch viel Benzin einsparen.

Meine Arbeitskollegen lachten mich wegen des nagelnden Motorgeräuschs immer aus und sagten, sie hörten mich schon eine halbe Stunde vorher ankommen. Außerdem waren sie der Ansicht, daß solch ein Wagen meinem Image als Abteilungsleiter nur schaden würde. Selbst meine eigenen Kinder weigerten sich, bei mir mitzufahren, und zogen den Kombi ihrer Mutter vor. Aber wir lachten gemeinsam darüber. Und wenn mich ein Unbekannter nach der Automarke fragte, dann antwortete ich: „Es ist ein deutscher Diesel!"

Wichtig ist dabei nur, daß unser Lebensstil ein Abbild unserer inneren Werte ist. Dann vermag äußerer Druck unser ausgeglichenes Leben nicht mehr aus der Bahn zu bringen. Wenn Sie wissen wollen, wie sehr Sie jemanden lieben, können Sie das messen: Fragen Sie sich einfach, wieviel Sie bereit sind, zu geben.

Unterziehen Sie Ihre eigenen Lebenserfahrungen einer eingehenden Betrachtung und fragen Sie sich, ob sie ähnlich wie viele andere zu dem Schluß kommen, den die Überschrift dieses Kapitels zusammenfaßt: Das Familien-Selbst ist der Teil des ganzen Selbst, der am meisten erfüllend wirkt und der ein Schlüssel zu den Fähigkeiten der Menschen ist.

> Wie sehr habe ich mich selbst getäuscht, als ich dachte, ich sei unverwüstlich. Hier steht ein Mensch, der geradewegs in den Abgrund blickt. Wie wichtig werden plötzlich Dinge, an die ich selten gedacht habe, wie beispielsweise menschliche Beziehungen, die Liebe vieler Menschen und wie wertvoll sie ist. Geld und Macht können Sie vergessen … ich wußte gar nicht, wie

> wunderbar Menschen sind. Hätte ich das nur vorher gewußt. Welch ein Weg, um das herauszufinden … Diese ganzen Erfahrungen haben mich in bezug auf die Liebe, die Familie und die Menschheit viel gelehrt.
>
> Lee Atwater, politischer Berater, kurz vor seinem Tod infolge einer schweren Krankheit aus einem Zeitungsinterview

Es klingt wie eine Ironie des Schicksals, daß wir am meisten über das Leben lernen, wenn wir dem Tod ins Auge sehen. Nehmen Sie sich Zeit zum Nachdenken und zur inneren Einkehr, dann müssen Sie es nicht auf diese Weise erfahren. Das Leben ist schön, und darum sollten Sie es in all seiner Vollkommenheit feiern: heute, diese Woche, diesen Monat, dieses Jahr!

DAS MODELL IN AKTION: GESPRÄCHE MIT ERFOLGREICHEN MENSCHEN

Kapitel 8

Ich halte nicht viel von Menschen, die heute nicht weiser sind, als sie es gestern waren.

Abraham Lincoln

Warum sollten wir heute weiser sein, als wir es gestern waren? Worin liegt der Unterschied zwischen dem vergangenen und diesem Jahr? Welche Unterschiede gibt es zwischen heute und einem Zeitpunkt vor fünf Jahren?

Eines steht fest: Wir sind einen Tag, ein Jahr oder fünf Jahre älter geworden. Aber älter werden heißt noch nicht, automatisch weiser zu werden. Doch älter zu werden liefert das Rohmaterial, das wir zusätzlich brauchen: die Erfahrung – genauer gesagt: die Lebenserfahrung. Die Art und Weise, wie wir dieses Rohmaterial verarbeiten, entscheidet darüber, was für ein erfülltes Leben wichtig oder unwichtig ist. Und das ist Weisheit. Schon der griechische Philosoph Sokrates hat dies in Worte gefaßt: „Ein unüberlegtes Leben ist es nicht wert, gelebt zu werden."

In diesem Kapitel wollen wir Ihnen Interviews mit verschiedenen Menschen vorstellen, in denen sich ihre Lebenserfahrungen widerspiegeln. Sie alle sind in ihren Berufen erfolgreich und haben es gleichzeitig geschafft, ein ausgeglichenes Leben zu führen.

Gespräch mit Joel, Managementberater

Joel ist 47 Jahre alt und seit 24 Jahren verheiratet. Er hat zwei Töchter, die beide auf die Oberschule gehen.

F: Wie würden Sie Ihr Ideal eines ausgeglichenen Lebens beschreiben?

A: Alles, wofür man eine Passion hat oder was einen emotional anspricht, muß man auch unterstützen. Das ist eine ganze Menge. Im privaten Bereich sind dies ein Zusammengehörigkeitsgefühl, die Liebe zur Familie und das Gespür zu entwickeln, für sich und die Seinen ein gutes Haus zu bauen. Auf der anderen Seite steht das, was man persönlich erreichen möchte. Das, was jeder einmal sein möchte: nur einen Augenblick im Leben richtig berühmt sein, wie es Andy Warhol einmal ausdrückte. Folglich sollte man sich bemühen, eine Leistung zu erbringen, die öffentliche Beachtung findet.

Aber es gibt auch noch eine andere Seite, die dir klarmacht, daß das, was du tust, wieder in Vergessenheit geraten wird. Es ist merkwürdig, aber wenn man aufhört, unbedingt Spuren hinterlassen zu wollen, gibt es bestimmt jemanden, der sich an dich erinnert. Ich meine, es ist Zeit zum Nachdenken und zur inneren Einkehr erforderlich, Zeit für die persönliche Entwicklung. Die Dinge, die mich am meisten freuen, motivieren mich auch am stärksten. Wenn ich dafür keine Zeit mehr habe, werde ich unruhig. Ich mache mir dann Sorgen darüber, was nicht in Ordnung ist.

F: Sie werden unruhig, wenn Sie keine Zeit für Ihre Passionen finden?

A: Genauso ist es. Ich glaube, der richtige Begriff hierfür heißt „kognitive Dissonanz“. Es gibt viele solche Momente, in denen man irgendwie durcheinander ist und nicht so recht weiß, warum eigentlich. Nehmen wir die vergangene Woche, da hatte ich ziemliche Schwierigkeiten, konzentriert an meinen Projekten zu arbeiten. Es gab viel zu tun, aber ich hatte den Eindruck, bereits viel zuviel getan zu haben. Ich hatte gerade ein Projekt abgeschlossen und wollte mir nun Zeit für etwas anderes gönnen, für eine kleine Belohnung. Ich konnte geistig nicht einfach auf ein anderes kompliziertes Projekt umschalten. Also mußte ich etwas anderes machen. Am Wochenende habe ich dann ein Regal gebaut, um endlich mal für Ordnung in der Garage zu sorgen. Ich hätte eigentlich noch viele weitere Dinge zu erledigen gehabt, aber ich habe es vorgezogen, dieses Regal zu bauen. Es war eine kleine Erholungspause. Und es gibt noch etwas, das mich beschäftigt: Mein Gefühl, meine Familie und ich bräuchten dringend etwas Urlaub. Wir sind schon so lange nicht mehr weggefahren, und jetzt wird es Zeit für uns.

F: Wenn die Kinder einmal so alt sind wie Ihre, dann wollen sie doch gar nicht mehr soviel Zeit mit den Eltern verbringen.

A: Ja, das stimmt. Unsere Kinder sind gerade dabei, das Haus zu verlassen, um eine weiterführende Ausbildung zu machen. Im Herbst werden beide gehen, und wenn sie erst einmal angefangen haben, dann sind sie wirklich weg. Deswegen wollen wir ja noch mal gemeinsam mit den Kindern in Urlaub fahren, bevor sie mit ihren eigenen Angelegenheiten mehr als genug beschäftigt sind.

F: Können Sie sich an Zeiten erinnern, die im Ungleichgewicht waren? Und wissen Sie noch, was das auslöste?

A: Das gab es auch. Ich war ziemlich gereizt, wenn es viel privaten Druck gab, beispielsweise wenn das Haus wochenlang voller Handwerker war und die Arbeit dann liegenblieb. Ich konnte mich dann nicht mehr konzentrieren. Aber es konnte auch umgekehrt sein. Für gewöhnlich fühlen sich die meisten Menschen durch die viele Arbeit unter Druck gesetzt. Ich vermute, es ist das Gefühl von Verantwortung, die man hat. Ins Ungleichgewicht gerät man dann, wenn man das Gefühl hat, irgend etwas drängt sich einem auf, egal, ob das nun die Familie oder die Arbeit ist.

F: Sie meinen also, ein Ungleichgewicht könne überall herkommen?

A: Wir haben ja über Prioritäten gesprochen. Auf meiner ersten Arbeitsstelle nach dem Militärdienst habe ich für einen Mann gearbeitet, der verrückt nach Golf war. Das ganze Wochenende über war Golf sein Lebensinhalt. Er spielte wirklich nur noch Golf. Zu dieser Zeit befand ich mich noch auf der Suche nach meinem Platz in dieser Welt. Ich dachte mir, ich arbeite für ihn und deshalb müsse ich ihm Respekt zollen. Also stand ich am Samstag um halb fünf Uhr morgens auf, gönnte mir anderthalb Stunden später einen Kaffee und spielte schrecklich Golf. Ich haßte jeden Augenblick, gab jedoch vor, es habe mir unbändigen Spaß gemacht. Sprechen wir an dieser Stelle doch einmal über das Gleichgewicht mit meiner Partnerin. Das war natürlich alles ein ausgemachter Schwindel. Mir war klar, daß sie es überhaupt nicht gern sah, wenn ich einen halben Tag zum Golfspielen ging, um die andere Hälfte des Tages zu müde für irgendwas zu sein. Also sagte ich mir: „Das Leben ist zu kurz dafür."

F: Und Sie haben es nur getan, weil Ihr Chef Golf spielte?

A: Ja. Er hatte mich natürlich nicht dazu gezwungen, aber ich bildete mir ein, wenn ich es im Geschäftsleben zu etwas bringen wollte, dann müßte ich eben genau das tun. Es dauerte eine Weile, bis ich meinen Irrtum erkannt hatte. Heute spiele ich immer noch erbärmlich miserabel, aber weil ich es nicht mehr so ernst nehme, finde ich auch mehr Gefallen daran.

F: Sie haben sich einen Maßstab für Erfolg zu eigen gemacht. Wie würden Sie ihn beschreiben?

A: Das hat sich sehr verändert. Bis vor etwa sechs Jahren dachte ich, die Ökonomie sei der einzige Maßstab. Ich hatte in den Firmen, in denen ich arbeitete, viel Erfolg. Wir verdienten eine Menge Geld und konnten uns etwas zurücklegen. Dann aber machte ich einige Entdeckungen über die Welt der Unternehmen und hatte plötzlich den Eindruck, dort nicht mehr richtig hinzugehören. Ich fühlte mich persönlich zufriedener, wenn ich für mich selbst arbeitete. Die Folge: Ich verdiene nicht mehr soviel Geld. Aber ich fühle mich besser, weniger Geld zu haben und dafür alles so zu machen, wie ich es will.

F: Ihr Maßstab für den Erfolg hat sich also geändert. Wie kam das? Liegen die Gründe dafür im Älterwerden, in den Lebenserfahrungen oder worin?

A: So ist es. Keiner liegt auf dem Sterbebett und wünscht sich, er hätte noch mehr Zeit im Büro verbringen können – ganz bestimmt nicht. Die Erkenntnis, daß ich bin, wie ich bin, hat mir wahrscheinlich am meisten geholfen. Und das bedeutet für mich, unabhängig zu sein und es auch zu bleiben. Alles andere ist … man sammelt eine Menge Zeugs an, aber es bleibt doch immer nur Zeugs. Wenn ich morgen alles verlieren würde, könnte ich jederzeit einen neuen Job haben. Es ist also nicht das Ende. All diese materiellen Dinge, die uns antreiben und uns auch sicherlich Spaß machen, haben im Leben keine richtige Bedeutung. Man kann auch ohne sie auskommen.

F: Sie sagen, Sie lieben Ihre Arbeit, weil Sie dadurch mehr Sie selbst sein können. Ist das ein Antrieb?

A: Für mich bestimmt. Stellen Sie sich vor, Sie sind in einer Situation, in der Sie nichts dazulernen, also 35 Jahre immer das gleiche tun. Das könnte ich nicht. Für mich war es immer wichtig, zu lernen und zuzuhören. Daher verbringe ich auch gern Zeit mit anderen Menschen, weil ich so immer etwas darüber erfahre, was in ihnen vorgeht. Und das schätze ich sehr. Ich habe auch meine Frau und unsere Töchter ermuntert, das zu versuchen: neugierig, offen für Entdeckungen und ein aufmerksamer Beobachter zu sein. Im Rückblick auf meine Schul- und Studienzeit habe ich für beides sehr viel Zeit verschwendet. Das macht mir zu schaffen, denn heute achte ich darauf, was los ist – was geschieht.

Für ein Kind ist das ganz normal. Man geht durchs Leben und wacht urplötzlich auf und fragt sich: „Was habe ich bisher getan?“ Man war eben einfach da. Man war Durchschnitt, jedenfalls war ich das. Ich war tatsächlich so richtig durchschnittlich. Mir ging es gut, aber ich kann mich nicht erinnern, wirklich tolle Zeiten erlebt oder sehr viel erfahren beziehungsweise gelernt zu haben. Sie reden vom Bedauern. Ich bedaure, nicht aufmerksamer gewesen zu sein, es manchmal nicht ein wenig übertrieben zu haben zu Zeiten, in denen ich viel riskieren konnte und kaum etwas zu befürchten hatte. Je erwachsener man wird, desto härter werden die Folgen. Das hätte ich in meiner Jugend gern noch viel gründlicher ausgekostet.

F: Welche Stellung nimmt die Spiritualität in Ihrer Lebensphilosophie ein?

A: Ich bin kein besonders religiöser Mensch. Allerdings bin ich überzeugt, daß es da etwas Höheres gibt. Und deshalb ist es mir auch wichtig, einen Beitrag dazu zu leisten. Wenn Sie so wollen, jemanden zu berühren, im Leben eines anderen ein bleibendes Zeichen zu hinterlassen oder ihm durch schwere Zeiten zu helfen. Es ist für mich spirituell eine Pflicht oder ein Beitrag zur Menschlichkeit. Manche sagen dazu, ein guter Christ zu sein. Aber wie man das nennt, ist am Ende egal. Es geht darum, über sich selbst hinauszuwachsen, und es gehören Kontemplation und Nachdenken dazu. Es gibt einem eine Perspektive.

Wir lebten vor langer Zeit in Idaho, deswegen ist mir das alles eingefallen. Ich glaube, wir lebten dort etwa viereinhalb Jahre lang. Diese Zeit in den Bergen fand ich unglaublich fesselnd – so klein zu sein gegenüber diesen riesigen erhabenen Gebirgsmassiven. Welche Saite in meiner Seele dies zum Schwingen gebracht hat, ist schwer zu sagen. Man ist nur ein Sandkorn im großen Meer.

Gespräch mit Hal, Geschäftsführer.

Hal ist 46 Jahre alt und seit 24 Jahren verheiratet. Stacy, Hals Frau, hat eine erfolgreiche Karriere hinter sich. Beide haben eine Tochter, die auf die höhere Schule geht.

F: Wie würden Sie Ihr Ideal eines ausgeglichenen Lebens beschreiben?

A: Was ich in meinem Alltag als ausgeglichenes Leben bezeichnen würde – nun, ich weiß nicht, ob es so auf der Hand liegt, aber fast alle Menschen müssen arbeiten, und sehr viele sind verheiratet, auch wenn mittlerweile jede zweite Ehe geschieden wird. In meinem Leben sehe ich ein Gleichgewicht zwischen meiner Arbeit und meiner Familie. Ich arbeite ja nicht für mich, sondern für meine Familie, und deshalb hätte es keinerlei Bedeutung, nur für mich zu arbeiten. Ich würde gern noch mehr Ausgeglichenheit in mein Leben bringen, auch meine Gemeinde mehr mit einbeziehen – nicht nur die Arbeit und die Familie. Ich halte es für wichtig, der Gemeinschaft etwas von dem zurückzugeben, was wir von ihr bekommen.

Für mich ist das eine Verwaltertätigkeit. So sehe ich auch das Geld, das wir in unserem Leben verdienen: Es gehört uns nicht wirklich. Wir leihen es uns für eine gewisse Zeit, und dann geben wir es der Gemeinschaft wieder zurück. Diese Betrachtungsweise hilft mir, die Dinge ins rechte Lot zu rücken. Ein ausgeglichenes Leben ist mehr, als Familie, Gesellschaft und Beruf in Einklang zu bringen. Es bedeutet auch, sich in viele Bereiche einzubringen, ohne sein Engagement jedoch zu übertreiben. Ist das dann der Fall, so findet man keine Zeit für andere Bereiche. So sehe ich die Dinge.

F: Können Sie sich an Zeiten erinnern, die im Ungleichgewicht waren? Und wissen Sie noch, was das auslöste?

A: Das hat etwas mit Erwachsenwerden zu tun – Sie würden sagen: mit dem Kreis des Lebens. Als ich jung war, widmete ich mich schon mehr dem Beruf als der Familie. Damals hatte ich das Gefühl, das müsse einfach so sein. Wenn man zum ersten Mal mit der Geschäftswelt zu tun hat, ist man von all den Leuten, denen man dort begegnet, tief beeindruckt – der Chef, die Führungskräfte usw. Wer sich ganz seinem Beruf widmet und nur arbeitet, der neigt dazu, sich da zu sehr hineinfallen zu lassen. Jeder tut das. Vor allem, als ich in Kalifornien lebte, erging es mir so. Aber dann gibt es irgend etwas im Kopf, das einem sagt: „Ich verliere mich hier, und ich muß wieder auf meinen alten Kurs und wieder Kontakt zu meiner Familie finden.“ Sie haben das ja angesprochen – irgend etwas ist aus dem Gleichgewicht geraten.

Jetzt bin ich 46 Jahre alt und arbeite mit vielen zusammen, die 35 oder 38 Jahre alt und wirkliche Workaholics sind. Zu denen sage ich: „Vergeßt nur nicht eure heranwachsende Zwölfjährige. Die ist entflogen, bevor ihr euch umdreht, und ihr müßt auch Zeit für sie aufbringen.“ Sie reisen wie die Verrückten herum und arbeiten Tag und Nacht. Ich habe das schon hinter mir und weiß mittlerweile, was das bedeutet. Versuchen Sie, etwas mehr Zeit für Ihre Familie zu haben. Nicht alles ist immer nur Arbeit, und wenn man einmal nichts zu tun hat, bleibt einem die Familie ja erhalten. Ich habe das auch alles miterlebt und viel darüber nachgedacht. Ob das so richtig ist, weiß ich nicht genau, aber ich tu's eben.

Natürlich gibt es ganz offensichtliche äußere Einflüsse, aber wer im Alltag glücklich damit ist, wer und wo er ist, der wird dort auch seine Zeit verbringen wollen. Was aber ist besser, wenn man unglücklich ist? Sehr viel zu arbeiten? Damit isoliert man sich vor den anderen Problemen oder Bereichen, mit denen man eben unglücklich ist. Man möchte dort sein, wo man glücklich ist, und deshalb macht man das. Man möchte sich wohl fühlen und sein Leben genießen.

Dabei gibt es Menschen, die es zeitweilig wirklich genießen zu arbeiten und lieber hinterm Schreibtisch sitzen als zu Hause. So ist es mir auch ergangen. Bis zu einem gewissen Grad liegt das in der menschlichen Natur. Oder die Menschen durchlaufen diese Zeiten, und manchmal fragen sie sich, ob sie nicht besser einen Moment innehalten sollten. Wie die Elektrizität, die immer den Weg des geringsten Widerstands geht, machen es auch die Menschen. Sie wählen den Weg, auf dem sie am glücklichsten sind. In solchen Zeiten sagt man sich: „Halt mal inne. Alles, was ich wirklich habe, sind meine Familie oder die Kirche.“ Aber für mich ist das nicht nur Ihre Kirche, Ihre Familie und Ihre Arbeit, es ist Ihre Gesellschaft. In unserem Leben durchlaufen wir diesen ganzen Kreis. Ich persönlich mag diese Mischung. Ich kombiniere alles miteinander und nehme es auf.

F: Machen die Menschen in Ihrem Leben Sie darauf aufmerksam, wenn Ihr Leben aus dem Gleichgewicht gerät?

A: Diese Leute lassen es mich wissen, wenn ich mit ihnen nicht im Einklang stehe. Und dann muß ich selbst entscheiden, ob deren Ansicht falsch oder richtig ist und ob ich ihnen zustimme. Aber sie sagen mir schon, ob ich zuviel Zeit mit der Arbeit verbringe, oder besser gesagt, daß sie denken, ich verbringe zuviel Zeit bei der Arbeit. Momentan ist es wieder so: Ich reise sehr viel, und sie sagen mir, daß sie finden, daß ich zu oft unterwegs bin. Also versuche ich, sie da mit einzubeziehen. Ich nehme meine Frau und meine Tochter auf die Reisen mit. Eine andere Möglichkeit sehe ich nicht. Ich sage: „Ihr könnt gern mitkommen, aber meine Arbeit erfordert, daß ich in nächster Zeit viel reise. Laßt uns zusammen fahren."

Diese Rückmeldung von den anderen ist für mich sehr wichtig. Ich habe einen Chef in New York, und der würde mir auch sofort etwas sagen, wenn er der Meinung ist, ich investiere nicht genug Zeit. Mit solchen von außen kommenden Einflüssen muß jeder leben, und sie bringen einen entweder ins Gleichgewicht oder sie rütteln heftig daran. Ich weiß es nicht – vielleicht hängt es davon ab, wie wir es wahrnehmen. Es gibt Menschen, die sich mit einer Zweidrittellösung abfinden: zwei Drittel arbeiten und ein Drittel zu Hause sein. Für mich ist das nichts.

Je älter wir werden, desto mehr ändert sich das. In jungen Jahren mußten wir die Gelegenheiten beim Schopf packen, um Geld zu verdienen. Wir mußten uns mehr unter Beweis stellen. Aber wer mit dem Geschäft groß geworden ist und nun im Management sitzt, der weiß, daß er entweder etwas Zeit für sich braucht oder sich am besten gleich unter seiner Arbeit begraben läßt. Ich bin finanziell nicht in der Situation, in der ich einfach zu Hause bleiben kann und nicht zur Arbeit gehen muß. Aber damit wäre ich auch nicht glücklich.

F: Meinen Sie, man müßte ständig herausgefordert werden, um in seinem Beruf Erfüllung zu finden?

A: Wenn Sie einen neuen Bereich übernehmen, bedeutet das eine große Herausforderung, aber es kostet Sie auch sehr viel Zeit. Aber wir brauchen diese Herausforderung. Gerade habe auch ich einen neuen Bereich übernommen, etwas völlig Neues für mich. Jetzt beschäftige ich mich mit Marketing, obwohl ich immer im Verkauf oder im operativen Geschäft war und die Firma am Laufen hielt. Für mich ist das neu und anders, ich kann wieder etwas lernen, und es ist eine Herausforderung, ob ich das auch weiterhin schaffe. Glauben Sie nur nicht, daß es mir Freude bereitet, aber ich sehe, daß diese Aufgabe in unserer Firma bewältigt werden muß. Natürlich raubt es mir wieder Zeit für meine Familie, aber ich habe mit meiner Frau und meiner Tochter geredet und ihnen vorgeschlagen, mit nach New York zu kommen. Wir könnten uns ein Häuschen am See mieten und dort bleiben. Ins Gleichgewicht zu erlangen bedeutet ist für mich, Kompromisse auszuhandeln.

F: Wie würden Sie die Meßlatte beschreiben, die Sie für den Erfolg an sich selbst anlegen?

A: Das läßt sich sicher nicht nur finanziell messen. Eine wichtige Größe ist dabei das eigene Wachstum. Da fühle ich mich erfolgreicher als bei allen anderen Dingen. Einfach mich selbst besser kennenzulernen. Und wenn mir das gelingt, dann kann ich auch in vielen anderen Bereichen erfolgreich sein – ob das nun die Arbeit, die Familie oder was auch immer ist. Wenn man mit sich selbst gut zurechtkommt, dann schafft man es auch, sich in den meisten anderen Situationen wohl zu fühlen. Für mich ist das geschehen durch das Erwachsenwerden, mein inneres Wachstum und durch äußere Anregungen, und ich finde, ein gutes

Selbstbild zu haben ist vielleicht der größte Erfolg im Leben überhaupt. Alles in meinem Leben kann ich dann genießen, ob es nun die Familie, die Arbeit, die Gemeinschaft oder etwas anderes ist. Meine eigenen Fähigkeiten zu kennen, das halte ich für einen schönen Erfolg: zu wissen, was ich kann und was nicht, wo ich mich sicher fühle und wo ich unsicher bin. Einfach über mich selbst zu wissen, wann ich mich mit meinen Handlungen auf unsichere Pfade begebe, warum ich enttäuscht bin und warum nicht.

Was ich an Ihrem Seminar so schätzte, war, daß es mir eine Menge Anregungen vermittelt hat. Ich hatte mir vorher nie Gedanken darüber gemacht, aber die angesprochenen Themen haben bei mir eine Menge ausgelöst. Ich denke, wenn ich mit meiner Familie zusammen bin, gerät alles wieder ins Lot. Eine Beziehung am Laufen zu halten bedeutet, jeden Tag daran zu arbeiten, und das ist sicher auch eine Herausforderung. Denn ohne diesen Einsatz geht es nicht. Sie müssen dranbleiben und Kompromisse schließen. Sie müssen merken, wann Sie richtigliegen und wann falsch.

F: Ich habe mit sehr vielen Menschen gesprochen, und was Sie gerade beschrieben haben, ist sicherlich nicht die Norm. Hätten Sie vor 15 Jahren auch schon solch eine Definition von Erfolg abgegeben?

A: Sicherlich nicht. Damals hatte ich eine ganz andere Zielsetzung. Im Alter von 35 Jahren und auch noch mit 40 Jahren war Erfolg für mich, möglichst viel Geld zu verdienen. Natürlich gehören dazu auch das Haus, das Auto und all die anderen materiellen Dinge. Ich mag mein Auto und mein Haus, sie geben mir eine gewisse Geborgenheit, und dafür bin ich sehr dankbar. Es ist schön, sich das alles leisten zu können. Vieles davon besteht daraus, zur rechten Zeit am richtigen Ort zu sein, eine richtige Geschäftsentscheidung zu treffen, ein Geschäft wachsen zu lassen und an dem Erfolg teilzuhaben. Vielleicht hat es damit zu tun, daß ich mich finanziell abgesichert fühle. Bevor das der Fall war, hatte ich auch eine andere Definition für den Erfolg. Ich wollte finanzielle Sicherheit erlangen.

Ich bin immer noch im Geschäft, auch wenn wir unsere Firma im vergangenen Jahr ganz verkauft haben. Aber es geht mir auch gut damit, mich jetzt auf andere Dinge zu konzentrieren. Vielleicht gehört das dazu.

F: Ich habe neulich in der Stadt mit einer Gruppe von Vertriebsleuten gesprochen und erklärte ihnen dabei, was wir vorhatten. Alle waren sie sehr erfolgreich, und für die meisten hatte die finanzielle Absicherung oberste Priorität.

A: Sie wollten eine noch größere finanzielle Rückendeckung, als sie ohnehin schon hatten?

F: Ja, sie waren finanziell abgesichert. Nur weil es viel von etwas gibt, hat man nicht automatisch genug. Ich stellte ihnen folgende Frage: In den westlichen Industrienationen zählen wir zu den Ländern mit dem höchsten Lebensstandard. Als erfolgreiche Verkäufer gehören Sie zu dem einen Prozent der Bevölkerung, die dabei ganz an der Spitze stehen. Wenn Sie sich also nun unsicher fühlen, wie unglücklich muß dann der Rest der Menschheit sein?

A: In den vergangenen Jahren habe ich das auch erlebt. Vielleicht liegt das daran, daß man beim Älterwerden nicht automatisch an so etwas denkt. Meine Frau war jahrelang als Sozialarbeiterin tätig und verfügt über ein umfangreiches psychologisches und philosophisches Grundwissen. Sie hat mich immer wieder aufgefordert, darüber nachzudenken, auch wenn die meisten Menschen das nicht tun. Ein Mann ist nur so gut wie die Frau neben ihm, davon bin ich fest überzeugt. Man muß jemanden an seiner Seite haben, der wirklich zu einem steht, sich um einen sorgt und ihn ermutigt, auch einmal andere Dinge zu tun. Am Erfolg in unserem Leben haben Frauen wirklich einen großen Anteil.

F: Aber nur, wenn man das auch zuläßt.

A: Es gibt jede Menge Männer, deren Frauen ihnen helfen könnten, wenn die Männer es nur wollten.

F: Ich muß Ihnen gratulieren. Es gibt nicht viele 46jährige, die mit einem solchen Wissen über sich selbst ausgestattet sind. Ich habe bei Ihnen eine sehr starke spirituelle Komponente entdeckt.

A: Dieses Kompliment aus Ihrem Mund bedeutet mir viel, denn ich weiß, daß Sie sich intensiv mit solchen Dingen befassen. Das ist lobenswert. Ich habe in den vergangenen Jahren viel darüber nachgedacht, wo ich in zwei oder in fünf Jahren gern stehen würde. Aber daß ich erwachsener bin als die meisten 46jährigen, das wußte ich nicht. Das Nachdenken hilft, da bin ich mir sicher. Wir sind sehr in unserer Kirchengemeinde engagiert und haben schon mehrere Male das Verwalteramt innegehabt. Uns hat das nicht nur Spaß gemacht – wir konnten dabei auch noch sehr viel lernen. Vielleicht hat das mit meiner sehr erwachsenen Frau zu tun, die mich immer wieder anstachelt.

Man kann sich nicht wirklich mit all diesen Dingen beschäftigen. Warum ich herauszufinden versuche, wer ich bin, und warum das gerade jetzt passiert, weiß ich auch nicht. Ich denke über das ganze Leben nach, und wahrscheinlich ist das der Grund. Wir alle lernen vermutlich aus Erfahrungen. Wenn wir das nicht tun, dann wird uns im Leben sicher etwas fehlen. Aber so geht es vielen Menschen: Sie gehen durchs Leben, sehen aber die Probleme nicht. Lernen bedeutet doch, einem Problem die volle Aufmerksamkeit zu widmen, um dann herauszufinden, wie es sich aus dem Weg räumen läßt. Ich habe Angestellte gesehen, die nicht mal in ihrem Arbeitsbereich ein offensichtliches Problem erkannt haben und es somit auch nicht ausräumen konnten. Daß ich Probleme ausfindig mache, hat etwas mit Intuition zu tun. Ich konzentriere mich auf die problematischen Bereiche und versuche mir vorzustellen, wie sie sich beseitigen lassen. Das gilt im Grunde für das ganze Leben. Machen Sie sich die Probleme zu eigen und finden Sie heraus, wie sie zu lösen sind. Manchmal ist das gar nicht so leicht.

Gespräch mit Susan, Universitätsrektorin

Susan ist mit einem Staatsanwalt verheiratet, ihre Kinder sind erwachsen.

F: Wie würden Sie vor dem Hintergrund Ihres Lebens ein ideal ausgeglichenes Leben beschreiben?

A: Ideal – das ist aus meiner Sicht ganz einfach. Es müßte etwas damit zu tun haben, mein mir innewohnendes Potential zu entdecken. Soweit ich zurückdenken kann, habe ich alles mit meinem Intellekt und meinem Drang erreicht, etwas Produktives zu leisten. Dieses ideale Leben wäre auch, eine liebevolle und gute Beziehung zu meiner Familie und zu Freunden zu haben. Es hätte mit einer innigen Verbindung zu einer größeren Gemeinschaft zu tun und natürlich mit Abenteuern, Spaß, neuen Orten, neuen Erfahrungen und der Bewunderung der Kreativität anderer. Natürlich gehört zu so einem Leben auch das eigene körperliche Wohlbefinden – einen Körper zu haben, der mich all diese Dinge genießen läßt. Es wäre nicht so wichtig, keine Schmerzen zu verspüren, aber schon, sich entsprechend dem Alter noch frei bewegen zu können.

Meiner Ansicht nach wird alles noch von einer anderen Dimension zusammengehalten, die vielleicht auch für das

Gleichgewicht sorgt. Es ist eine Art Aufmerksamkeit und eine Verbindung mit etwas, das jenseits von mir steht und das ins Jenseits verweist. Es gab Zeiten in meinem Leben, da nannte ich es Gott. Aber es war für mich auch Wahrheit oder ein innerer Sinn. Es ist schon Gott, aber nicht in einem festgeschriebenen Sinn. In jungen Jahren war Gott für mich so etwas wie der Übervater. Heute ist Gott für mich die nicht näher zu beschreibende Verkörperung der Liebe, und er ist Wirklichkeit, nicht irgendein anthropomorphes Gebilde. Nach meiner Ansicht vereinigt Gott alle Menschen und verbindet uns mit der Wirklichkeit. Wenn ich mich darauf einstellen kann und mit dieser Kraft eins werde, dann fühle ich mich mit allen erwähnten Dingen in einem harmonischen Gleichgewicht.

F: Können Sie sich an Zeiten erinnern, in denen Ihr Leben aus dem Lot geraten war? Denken Sie dabei an Ihre Vorstellung von Balance.

A: Das geschah öfter, denn ich bin ja schon älter.

F: Nehmen Sie doch exemplarisch ein oder zwei Fälle. Was, würden Sie sagen, war für dieses Ungleichgewicht verantwortlich?

A: Einmal war es ein inneres Wachstum und einmal war es ein äußerer Grund. Beides hat meine Vorstellungen über den Ablauf des Lebens auf den Kopf gestellt. Sicher wollen Sie das etwas genauer wissen. Zunächst bin ich in einer sehr traditionsverbundenen Familie groß geworden, verbrachte eine glückliche Kindheit und war gut in der Schule. Und ich wußte immer, daß ich heiraten, eine Familie gründen und damit glücklich werden wollte. Es war der Traum meiner Generation, und den wollte ich mir auch verwirklichen. Bevor ich den Mann traf, den ich dann heiratete, hatte ich eine Reihe guter Erfahrungen gemacht, aber nach unserer Hochzeit führten wir eine sehr konventionelle Ehe. Ich hatte eine sehr gute Ausbildung durchlaufen, einen Abschluß an der Universität von Stockholm gemacht, aber eigentlich nicht geplant, diesen zu Karrierezwecken außerhalb des Hauses auch einzusetzen. Für jemanden aus meiner Generation und meines Geschlechts war ich ziemlich gut ausgebildet, stand aber immer noch völlig zufrieden und glücklich hinter meiner Entscheidung. Das hielt auch an, bis die Kinder schulpflichtig wurden, ich mich den Vierzigern näherte und mich fragte, ob das denn nun alles gewesen sei. Das nagte an mir.

Heute weiß ich, daß das ein ganz normaler Entwicklungs- und Veränderungsprozeß ist, den viele Erwachsene in ihrem Leben durchlaufen. Die Menschen hören nicht mit 21 Jahren einfach auf, sich zu entwickeln. Aber damals hat mich das ziemlich beschäftigt und aus der Bahn geworfen. Und es machte das Leben meines Mannes und mein Leben zur Hölle. Sicher litten auch die Kinder darunter, doch trotz dieses inneren Aufruhrs behielt ich die Familienstruktur so bei. Aber es ging nicht, und ich mußte etwas verändern. Also drückte ich wieder die Schulbank und bekam dann eine Arbeitsstelle. Etwa fünf oder sechs Jahre lang gab es für meinen Mann und mich eine enorme Menge an privaten Veränderungen. Als Rechtsanwalt sagte er damals immer, die Verträge würden neu ausgehandelt. Und wir kamen an den Punkt, wo ich mich fragen mußte, ob ich noch verheiratet sein will oder nicht. Ich wollte aber gern verheiratet sein und mußte mich dann fragen, mit wem ich denn in Ehe leben wollte. Und es gab keinen anderen als ihn. Also mußten wir uns da durchkämpfen, und ich sage bewußt: wir.

Dieser Wunsch nach Veränderung wurde durch meine innere Uhr ausgelöst. Aber es gab auch ein Generationenproblem, denn ich sah, daß sich jüngere Frauen sehr viel mehr in der äußeren Welt bewegten. Ich gehöre sicherlich der letzten Generation in den Vereinigten Staaten an, die so traditionell erzogen wurde. Hier haben Sie nun an einem Beispiel gesehen, wie mein Leben ziemlich ins Ungleichgewicht geriet. Es war eine schmerzhafte Zeit, aber ich wuchs auch mit ihr. Oft denke ich, daß Wachstum auch Schmerz voraussetzt.

Heute sehe ich andere in diesem Alter ebenfalls diese Schmerzen erleben und sehe, wie sie sich entwickeln. Ich verstehe es und kann doch so wenig dazu sagen. Ich würde sie gern manchmal an die Hand nehmen, aber da dies alles sehr private und individuelle Sachen sind, ist das schwierig. Glücklicherweise konnte ich meine Entwicklung kontrollieren und so verhindern, daß sich unsere Ehe auflöste. Das hätte so rasch geschehen können. Dabei bin ich so glücklich verheiratet. Bei mir stellte sich dann ein neues Gleichgewicht auf einer anderen Stufe ein, und viel davon habe ich dem Mann zu verdanken, mit dem ich verheiratet bin. Wenn wir solche Dinge verstehen wollen, müssen das beide tun. Ich mußte mich entwickeln und neu orientieren, um zu arbeiten und meine Talente außerhalb des Hauses entfalten zu können. Und das setzte voraus, daß wir uns selbst und unsere Beziehung verwandeln.

Und nun zu dem zweiten Grund, warum meine Welt tatsächlich in Stücke flog – wobei mir da mehrere Dinge einfallen. Aber dies will ich doch erwähnen: Es war der Moment, als mir klar wurde, daß mein Vater an der Alzheimer-Demenz erkrankt war. Das anzunehmen fiel mir besonders schwer, denn ich lebte immer noch in dem sehr einfachen Glauben, die Seele eines Menschen sei die Flamme seines Lebens. In mir zerstörte das wirklich alles – zu sehen, daß er zwar lebte, aber scheinbar kein Leben oder kein denkendes Wesen mehr in ihm war. Mit dieser Vorstellung kam ich überhaupt nicht zurecht. Was war mit ihm, mit seiner Seele geschehen? Ich mußte akzeptieren, daß sein Körper in diesem leblosen Zustand existierte. Wenn ich heute darauf zurückblicke, dann hat mich dies gezwungen, mich neu zu orientieren … zu einer spirituellen Wirklichkeit. Gerade wollte ich „Religion“ sagen, aber diesen Begriff verwende ich lieber nicht. Für mich ist Religion der Rahmen, innerhalb dessen die Menschen ihre Spiritualität leben können. Es gibt viele hervorragende religiöse Traditionen. Ich bin selbst Teil einer Tradition, aber in dieser Hinsicht sind meine Überzeugungen alles andere als festgefahren. Sie sind Resultat jener Erfahrungen, die mir ein völlig neues Verständnis eröffnet haben.

Da mein Vater und ich uns sehr nahestanden, hatte ich eine Zeitlang meinen Glauben verloren. Mein Vater war mein Idol. Er war mein Mentor, und ich verehrte ihn. Weder mit seinem Zustand noch mit meiner Trauer darüber vermochte ich spirituell umzugehen. Als er nach endlos langen sieben Jahren endlich starb, war es schon eine Erleichterung. Da er an der Westküste lebte und ich hier in Memphis, konnte ich nicht bei ihm sein, und deswegen fühlte ich mich schuldig. Aber um zu Ihrer Frage zurückzukehren: Zu dieser Zeit ist eine Menge passiert, und das hat mich aus dem Gleichgewicht gebracht.

Ein weiterer Grund für ein Ungleichgewicht waren meine Kinder, die erwachsen wurden und eigene Probleme hatten. Mir fiel auf, daß ich jemand bin, der gern den Ton angibt, und da gab es nun plötzlich Dinge in deren Leben, über die ich nicht bestimmen konnte. Ich lernte mit Situationen umzugehen, die sich meinem Einfluß entzogen, und das war ganz neu für mich. In meinem Leben gab es sicherlich einen Punkt, an dem ich glaubte, dann ein Gleichgewicht erreicht zu haben, wenn ich alles kontrollieren konnte. Würde ich dann die einzelnen Teile zusammensetzen, so hätte ich ein ganz hübsches Paket zusammen. Aber diese Vorstellung ließ sich nicht auf alle Bereiche übertragen. Ein Gleichgewicht, so mußte ich einsehen, konnte ich nur herstellen, indem ich losließ und ausschließlich im Moment lebte. Mehr kann man nicht bewerkstelligen. Dahinter steht auch der Glaube, daß es eine höhere Macht gibt, die alle geliebten Menschen und Dinge beschützt. Dazu gehörte für mich gleichfalls die

Erkenntnis, daß ich das Verhalten eines anderen Menschen nicht beeinflussen kann. Man ist nur für sein eigenes Verhalten verantwortlich. So lernte ich meine Mutterrolle aus einer anderen Sichtweise kennen.

Übrigens ist mir gerade folgendes aufgefallen: Während ich versuche, Ihre Frage zu beantworten, habe ich über meine Rolle als Frau, als Tochter und als Mutter gesprochen. Ich habe über ein weibliches Wesen gesprochen, eine Frau, die in diesen Rollen zu einen Gleichgewicht finden will und die in ihrem Leben und in ihrer Karriere nach ihrem eigenen Weg sucht.

F: Was hilft Ihnen heute, das Gleichgewicht im Leben aufrechtzuerhalten?

A: Zunächst geht es mir besser, wenn ich mich vernünftig ernähre und mich sportlich betätige. Allerdings muß ich mich hierzu manchmal richtiggehend zwingen. Wenn ich regelmäßig Sport treibe, fühle ich mich bedeutend wohler, und ich kann auch besser denken. Außerdem werde ich dann nicht so grüblerisch. Zusätzlich habe ich mir noch etwas Zeit abgezwackt, um einmal am Tag völlig ruhig zu werden. Ich habe mit einigem Erfolg einen Meditationskurs absolviert. Irgendwann wuchs in mir die Einsicht, daß es sinnvoll ist, den Gedankenfluß aufzuhalten, denn nur dann kommen kreative Ideen, und in den Geist kehrt Ruhe ein. Dadurch fällt es mir bei der Arbeit auch leichter, mich auf die Menschen zu konzentrieren. Außerdem bin ich ein notorischer „Alles-in-Listen"-Schreiber und bemühe mich dabei, die jeweilige Länge überschaubar zu halten. Ich weiß wirklich ziemlich gut, was ich bewältigen kann und was ich nicht schaffe. Und das versuche ich dann auch aufzugeben. Eine andere Sache, die mir ebenfalls etwas hilft, ist meine Einstellung. Ich habe gelernt, über mich selbst nicht mehr ganz so hart zu urteilen. Ich bin nicht perfekt, und wenn ich irgend etwas so gut wie möglich tue, dann kann ich es eben nicht besser. Und vielleicht mache ich auch nicht immer das Beste, was ich kann, aber dann ist es das Beste in einer bestimmten Situation. Wenn ich mir darüber klarwerde, hilft mir das, mein Gleichgewicht aufrechtzuerhalten.

F: Diese Einsicht ist Ihnen sicher nicht gleich gekommen.

A: Na ja, ich bin ja auch schon 58 Jahre alt.

F: Ich selbst fühle mich oft wie getrieben, und da fällt es mir schwer zu sagen, dies war das Beste, das ich geben konnte. Statt dessen frage ich mich kritisch, warum ich diesen oder jenen Fehler begangen habe.

A: Sicher tut man das, aber man kann schon versuchen, eine andere Sichtweise zu entwickeln. Ich will mich nicht mehr strafen, so wie ich es früher getan habe. Ich fühle weder Schuld noch verurteile ich mich selbst. Um dahin zu gelangen, muß man selbstsicher werden, statt auf die Anerkennung anderer angewiesen zu sein. Das ist mir stets am schwersten gefallen, denn mein ganzes Leben lang habe ich nach diesen Versicherungen, Rückmeldungen und dieser Anerkennung seitens anderer gesucht. Ganz frei davon bin ich immer noch nicht, doch lernen wir alle dazu. Manchmal gibt es Momente, da fällt man in eine alte Angewohnheit zurück oder nimmt eine bereits abgelegte Haltung wieder ein. Es ist wie ein altes Tonband, auf dem festgehalten ist, wie man einmal gedacht und gehandelt hat. In diese Falle gerate ich beispielsweise dann, wenn ich mich zu sehr auf das konzentriere, was andere Leute denken könnten. Das ist für mich dann ein Weg in die Sackgasse von früher üblichem selbstzerstörerischem Verhalten. Manchmal stimmt das so auch nicht, aber ich versuche auf der Grundlage einer offenen Selbstsicherheit zu handeln. Das ist für mich das einzige

Mittel, um ohne Schuldgefühle und Selbstverachtung zu funktionieren. Weder in meinen Augen noch nach Ansicht eines anderen kann ich jemals perfekt sein, weil dies schlichtweg unmöglich ist.

Hin und wieder tue ich auch nur meine Pflicht, und das gibt mir die Chance, nicht alles so persönlich zu nehmen. So nahm ich mir bei der Arbeit die abweichende Meinung eines Kollegen oder irgendwelche Schwierigkeiten immer gleich sehr zu Herzen und ärgerte mich darüber. Ich bin zu sehr Frau, um meinen Ärger zu zeigen, aber weil ich mich dem anderen nicht verständlich machen konnte, war ich enttäuscht, wies mir selbst dafür die Schuld zu und schluckte den Ärger hinunter. Heute kann ich sagen: „Das gehört in seinen Verantwortungsbereich", und das ist gut so. Ich mag damit zwar nicht einverstanden sein, aber ich habe eine offenere Haltung. Alles, was ich ändern kann, werde ich tun, aber wenn das nichts nutzt, dann ist es auch so in Ordnung. Ich bin so sehr an nutzlosen inneren Druck gewöhnt, daß ich oft keine Veranlassung mehr sehe, allzuviel zu vollenden. Früher habe ich endlos viel Zeit damit verbracht, mir Sorgen zu machen oder herumzugrübeln. Seit ich das nicht mehr tue, habe ich viel mehr Zeit. Von den Menschen in meiner Nähe erwarte ich viel und gebe ihnen das auch zu verstehen. Ebenso will ich von ihnen wissen, welche Erwartungen sie an mich haben. Ich verlange von niemandem etwas, was ich nicht von mir selbst auch verlangen würde. Ein ausgeglichenes Arbeitsteam zu haben ist schon ein richtiges Kunstwerk. Dauernd muß man auf der Hut sein.

F: Sie haben erwähnt, daß für Sie das ideale Gleichgewicht wäre, Zeit für sich selbst, die Familie und die Freizeit zu haben – und das in Ihrer Stellung und bei Ihren zeitlichen Anforderungen. Wie kriegen Sie das alles trotz Ihrer Arbeit und der sozialen Verpflichtungen unter?

A: Ich habe mein Leben sehr verändert, mich aus vielen sozialen Bereichen zurückgezogen. Durch meine Arbeit hatte ich eine Menge sozialer Verpflichtungen mit Empfängen, Treffen und dergleichen. Bevor ich meine jetzige Position angetreten hatte, war ich ein sehr gesellschaftsbezogener Mensch und feierte zahlreiche Partys mit Freunden. Ich hatte zu Hause sehr oft eine Menge privater Veranstaltungen organisiert, aber heute kann ich das nicht mehr. Erstens ist mir die Freude daran verlorengegangen, und zweitens habe ich dafür auch keine Zeit mehr. Für meinen Mann ist das immer noch ein bißchen problematisch. Ihm würde, glaube ich, etwas Trubel sehr gefallen. Aber da hätte ich eben einen Kompromiß finden müssen, denn ich kann nicht meine Arbeit erledigen und gleichzeitig Entertainer spielen. Ich möchte auch noch ein wenig Zeit für mich haben, für den Sport und einfach reine Freizeit, in der ich nicht für soziale Belange verantwortlich bin.

Einige Dinge mußte ich ganz aufgeben. So hatte ich erheblich öfter Tennis gespielt, dafür jedoch laufe oder schwimme ich jetzt. Das ist zwar einsamer, aber ich kann mir die Zeit frei einteilen. Es baut keine Fähigkeiten auf, und es macht nicht soviel Spaß, aber es läßt sich leichter in ein ausgeglichenes Leben einbauen. Jeder durchläuft verschiedene Phasen in seinem Leben. Es gab Zeiten, da spielte ich jeden Tag Tennis, zu anderen Zeiten waren mir soziale Aktivitäten sehr wichtig. Daß ich zwischen diesen Dingen wählen konnte, darüber bin ich heute noch sehr glücklich. Seit ich für meine Arbeit verantwortlich bin und sehe, was hier alles noch getan werden könnte, investiere ich fast all meine Energien in diese Arbeit. Der Rest steht für die Familie und wenige enge Freunde zur Verfügung – also, eigentlich sind es derzeit wirklich nur meine Familie und die Arbeit. Ich kann zwölf oder 14 Stunden jeden Tag arbeiten, und wenn ich dann frei nehme, um einen Ausflug zu machen oder Tennis zu spielen, bekomme ich deswegen keine

Schuldgefühle. Nun ist das nicht jeden Tag ausgewogen, aber ich bin mir meines Lebens und meiner Wahlmöglichkeiten sehr wohl bewußt. Man wählt aus, welche Verantwortung man hat, aber wie man damit umgeht, das ist dann Teil einer ausgleichenden Handlung.

F: Welchen Maßstab für Erfolg legen Sie an sich selbst an?

A: Ich habe in meinem Leben mehrmals vor einer Entscheidung gestanden, und ich hätte vielleicht manchmal besser wählen können. So wie wir uns vorher über die Entstehung dieses Buches unterhalten haben. Obwohl ich mich ganz sicher nicht dazu entschieden habe, ein Buch zu schreiben, komme ich doch darin vor, und das finde ich merkwürdig. Hier hätte ich mich besser entscheiden können. Ich habe ein Ziel, erreiche es aber nicht. Aber in meiner Arbeit, da bin ich erfolgreich. Ich habe eine bislang nicht bestehende Abteilung aufgebaut und ihr ein ziemliches Programm verordnet – doch wenn man einen größeren Maßstab anlegt, ist das natürlich gar nichts. So viele Dinge könnte man noch in Angriff nehmen, und ich bin enttäuscht – ja, enttäuscht. Immer denke ich daran, was ich noch alles tun könnte. Ich suche auch danach, weil ich weiß, daß es soviel zu tun gibt. Habe ich Ihnen jetzt eigentlich auf Ihre Frage geantwortet?

F: Ich wollte Sie auf Ihren Erfolg ansprechen. Was meinen Sie – sind Sie beruflich erfolgreich oder würden Sie sagen: „Susan ist eine erfolgreiche Person?"

A: Erfolg ist ein recht relativer Begriff, der auch davon abhängt, wo man im Leben steht und wie alt man ist. Erfolg ist nur ein Wort, und ich bin sicher nicht typisch dafür. Für mich bedeutet es nichts. Ich laufe im allgemeinen nicht dem Erfolg nach. Wenn schon, dann strebe ich nach Besonderheiten, beispielsweise nach einer guten Ehe. Wer weiß schon, was morgen geschieht? Zur Zeit führen wir eine gute Ehe, also bin ich erfolgreich. Ich habe, jedenfalls glaube ich das, eine wunderbare Beziehung zu meinen Kindern. Mit zweien von ihnen fühle ich mich sogar eng verbunden, und das erfüllt mich sehr. Für vieles von dem, was mir Glück bringt, ist nicht mein Handeln verantwortlich. Aber was mir Befriedigung verschafft, würde ich nicht „Erfolg“ nennen. Vielleicht würde es mir Zufriedenheit bringen, bis an die Grenzen meiner Möglichkeiten zu leben. Habe ich danach gestrebt? In einigen Bereichen sicher, in anderen wieder nicht. Dieses Ziel verändert sich.

F: Wenn Ihr Lebensgleichgewicht mit dem Ihres Mannes in Konflikt gerät, wie gehen Sie dann vor?

A: Auch das hat sich mit der Zeit verändert. Gibt es einen Konflikt, so bemühen wir uns, die wirklichen Streitpunkte gleich zu Beginn auszudiskutieren. Oft nämlich sind die Gründe, die Menschen bei Auseinandersetzungen angeben, nur vorgeschoben. Die wahre Ursache für einen Konflikt zu finden ist oft gar nicht so einfach. Das sagt sich leicht, aber im Alltag ist es schwer umzusetzen. Entscheidend bei uns ist schon der Wille, eine Lösung zu finden. Dabei wissen wir, daß es niemals Zeiten gab, in denen es nur nach meinem Mann oder nur nach mir ging. Für uns beide war es immer wichtig, uns gegenseitig wahrzunehmen und zu respektieren. Wir waren immer der Ansicht, es müsse einen Weg geben, den anderen auch zu verstehen. Wir denken, wenn wir das Problem erkannt haben, dann muß sich auch eine Lösung finden lassen. Manchmal war es aber auch nötig, eine Abkühlphase zwischenzuschieben, wenn die Emotionen zu hoch kochten oder die Kontroverse zu heftig war.

Aber um so miteinander umzugehen, mußten wir uns zusammen entwickeln, was uns phasenweise ziemlich schwergefallen ist. Zu unterschiedlichen Zeiten haben wir verschiedene Bedürfnisse, also mußten wir lernen, diese Bedürfnisse zu respektieren. Was uns ebenfalls geholfen hat, war die Einsicht, daß wir die Bedürfnisse des anderen nicht völlig erfüllen können. Der andere muß seine Bedürfnisse teilweise unabhängig von mir ins Lot bringen, und auch ich habe Bedürfnisse, die nicht an ihn gebunden sind. Darüber haben wir eine Übereinkunft erzielt. Nicht jedes Bedürfnis des anderen muß zufriedengestellt werden. Heute bin ich mir nicht mal mehr sicher, ob wir überhaupt noch in Begriffen wie „Bedürfnissen" denken. Je jünger man ist, desto abhängiger ist man vom anderen, doch jetzt ist die Beziehung eher von gegenseitigem Respekt, Freundschaft und Liebe geprägt. Unsere Konfliktlösungsstrategien haben sich mit der Zeit sehr verändert.

F: Mußten Sie persönlich dabei mitunter auf Kompromisse eingehen?

A: Natürlich, und es gab auch sehr ernüchternde Zeiten.

F: Der Grund für diese Frage ist folgender: Sie beide haben sehr hohe Ansprüche an Ihre Zeit, und das hat doch auch Auswirkungen auf die gemeinsam verbrachte Zeit.

A: Das scheint mir wichtig zu sein. Wir reisten sehr gern miteinander, und auch heute noch segeln wir ab und an ein wenig. Dies betrifft weder seine noch meine Arbeit. Wir haben schon Dinge, die wir gemeinsam genießen können, und diese Dinge waren in unserer Beziehung immer sehr sehr wichtig.

F: Einfach wegzufahren?

A: Ja. Manchmal war mein Mann eifersüchtig auf die Zeit, die ich meinem Beruf widmete, und manchmal war ich eifersüchtig auf die Zeit, die er ohne mich seinem Beruf widmete. Das ist mir heute egal, damit befasse ich mich nicht mehr. Selbst ihn kümmert es so lange nicht, bis ich überzeugt bin, ich sollte darüber mal nachdenken. Damit er seine eigenen Pläne machen kann, ist es wichtig, daß ich ihn immer auf dem laufenden halte. Früher fühlte ich mich schuldig, wenn ich ihn bat, etwas zu tun, von dem ich wußte, daß er es ungern tat. Heute fragt er mich, ob ich gern hätte, daß er dies oder das täte. Und ich sage nein, obwohl ich es wirklich gern hätte. Aber so ist es in Ordnung. Ich versuche das auszugleichen und ihn nicht zu kompromittieren, und dann kommen wir gut miteinander aus. Das geht um so leichter, je klarer ich mir drüber bin, was ich will und welche Bedürfnisse ich habe. Gleichzeitig versuche ich, ihm gegenüber fair zu sein und seine Bedürfnisse mit Respekt zu behandeln. Ich meine, daß es bei vielen Menschen eine große Kluft gibt zwischen der Wahrnehmung ihrer Pflichten und dem, was sie dann tatsächlich bereit sind zu tun.

F: Es ist ein Entwicklungsvorgang. Viele nehmen sich nicht die Zeit, sich selbst einzugestehen, daß sie auch Aufgaben übernehmen könnten, wenn der oder die andere nicht da ist.

A: Sicher ist das so. Was auch immer er tut – letzten Endes trifft mich sein Verhalten nicht. Das zu glauben fiel mir schwer. Wir sind zwei unabhängige Menschen, die beschlossen haben zusammenzuleben. Ich bin eine eigenständige Person, und was auch immer ich in unsere Beziehung einbringe oder aus ihr ziehe, beruht stets auf Gegenseitigkeit. Er unterstützt mich auf vielfältige Weise, und das tue ich auch für ihn.

Gespräch mit Cathy, Krankenschwester

Cathy ist an einem Kinderkrankenhaus beschäftigt. Ihr Mann ist Immobilienverkäufer. Die beiden haben drei Jungs im Alter von elf und sieben Jahren sowie neun Monaten.

F: Wie würden Sie Ihr Ideal eines ausgeglichenen Lebens beschreiben?

A: Ich liebe meine Arbeit, und deswegen gehört sicherlich irgend etwas außer Haus dazu, vielleicht auf Halbtagsbasis, sowie Zeit mit der Familie, Freunden, dem Ehemann. Und auch ich brauche etwas Zeit für mich. Ist Ihnen das genau genug?

F: Ja. Warum ist Ihnen die Zeit für sich selbst denn so wichtig?

A: Es gibt einfach Dinge, die ich nur dann gern mache, wenn niemand um mich herum ist. Aber dafür ist es immer am schwersten, Zeit zu finden. Etwa ein Buch zu lesen – wenn ich abends die erste Seite aufschlage, habe ich schon Mühe, die Augen offenzuhalten. Es sind nur solche kleinen Dinge. Vielleicht regelmäßig Sport treiben oder sich mit kreativen Sachen beschäftigen, zu denen ich jedoch nie komme, weil immer etwas Wichtigeres zu erledigen ist.

F: Können Sie sich an eine Zeit in Ihrem Leben erinnern, in der Sie keine Zeit für all diese Dinge hatten und sich nicht so im Lot fühlten, wie Sie das eben beschrieben haben?

A: O ja. Eigentlich immer. Auf dieses Ziel habe ich immer hingearbeitet. Die schwerste Zeit war sicherlich die nach der Geburt der Kinder – ein Baby zu Hause und dann noch arbeiten gehen. Da wird sicher für alle vieles neu geregelt. Ich hab' zu dieser Zeit versucht, mehr zu machen, als mir guttat, und das war eine haarige Angelegenheit. Da gab es schon Zeiten, wo ich dachte, ich würde das alles nicht schaffen. Aber dann fand ich doch noch eine Lösung: Ich mußte entweder weniger arbeiten oder mir selbst eine Haushaltshilfe suchen.

F: Sie erwähnten die Geburt Ihrer Kinder. Gab es noch andere äußere Gründe und Veränderungen?

A: Dazu gehören sicher der Umzug und der Neuanfang. Das ist eine ziemlich stressige Zeit, sich in einer neuen Umgebung einzurichten. Man weiß nicht, wo was ist, hat keine Freunde oder Familien, die einen unterstützen, wenn man sie dringend bräuchte. Man ist einfach allein. Ich versuche mich gerade noch an andere solcher Zeiten zu erinnern. Etwas Ähnliches ist mir passiert, als ich eine Arbeitsstelle hatte, die ich überhaupt nicht mochte. Man hatte da einen furchtbar anstrengenden Dienstplan, mit dem ich nicht zurechtkam. Andere Zeiten, die schwierig waren, fallen mir jetzt nicht ein.

F: Sie arbeiten halbtags?

A: Ja, aber an zwei Tagen der Woche jeweils eine Zwölfstundenschicht. In unserem Krankenhaus ist das eine Vollzeitstelle, obwohl ich wöchentlich nur auf 24 Stunden komme.

F: Warum haben Sie dafür das Wochenende gewählt?

A: Aus verschiedenen Gründen. Im Vergleich zu anderen angebotenen Stellen war das eine im ganzen gesehen gute Offerte. Wer Schicht arbeitet, wird besser bezahlt und hat auch Anteil an sonstigen Vergünstigungen. Zum anderen ist mein Mann am Wochenende da, um auf die Kinder aufzupassen. Das nimmt mir das Problem mit der Kinderbetreuung. Dann stimmt der Dienstplan. Ich gehe hin und mache 48 Stunden lang nichts wesentlich anderes als arbeiten und schlafen. Von Montag bis Freitag habe ich dann für mich frei.

F: Sie haben drei kleine Kinder und sind am Wochenende auch noch beruflich eingespannt. Haben Sie manchmal das Gefühl, Sie können nicht all das tun, was Sie gern möchten?

A: Sicherlich ist das so. Vielleicht denken manche, ich könnte mich von Montag bis Freitag auf die faule Haut legen, aber meine Mutter weiß, daß das nicht stimmt. Am Montag schlafe ich erst mal und brauche etwa bis Dienstag, um wieder so richtig in die Gänge zu kommen. Manchmal bin ich dann immer noch müde. Aber es stapelt sich die Wäsche vom Wochenende, das Haus muß geputzt werden, und so gehen die Tage ins Land. Ich muß einkaufen gehen, Hausarbeiten mit den Kindern machen, an Elternabenden teilnehmen und die Schulprojekte mitbetreuen. Das Leben ist bis obenhin angefüllt und fordert mich ständig.

F: Haben Sie das Gefühl, die Woche unter Kontrolle zu haben, oder wird die wöchentliche Routine immer wieder gestört?

A: Also, im großen und ganzen habe ich alles im Griff. Aber man weiß nie, was von einer Woche auf die nächste passieren könnte. Manchmal werden alle Kinder gleichzeitig krank, oder sie kriegen Besuch von Kindern, die auf dem Land leben – solche zusätzlichen Dinge, die geschehen. Gerade dort, wo ich gern kontrollieren würde, entgleitet es mir manchmal, aber wenn ich mir dann Zeit lasse, entspannt an die Sachen herangehe und nicht überperfektionistisch bin, dann klappt es auch.

F: Welchen Erfolgsmaßstab legen Sie an sich selbst an?

A: Das ist komisch, denn mein Mann hat gerade gesagt, er glaubte, der Grund, weshalb Sie uns interviewen wollen, sei, daß wir eine erfolgreiche Familie sind. Darüber habe ich noch nicht soviel nachgedacht, vielleicht sind wir es. Wir haben drei wunderbare Kinder, in deren Leben alles glattläuft und mit denen wir bislang sehr glücklich sind. Sie sind zwar noch klein, aber sie machen ihre Sache gut. Wir leben in einer stabilen Ehe, und keiner von uns beiden war vorher schon mal verheiratet. Wir haben das Gefühl, in einer intakten Beziehung zu leben – ein Gefühl, das so vielen Menschen zu fehlen scheint. Wir haben beide einen guten Job. Ich habe zudem ein nettes Leben außerhalb des Hauses. Aber ich weiß es nicht. Glück muß man in sich selbst finden. Man muß so weit kommen, zu sich selbst zu sagen: „Ja, ich bin glücklich." Vermutlich ist das dann Erfolg.

F: Wie lange sind Sie schon verheiratet?

A: Dreizehneinhalb Jahre.

F: Fällt es Ihnen schwer, Zeit füreinander zu haben, wenn Sie an die Kinder und Ihren vollen Terminkalender denken?

A: O ja. Das liegt, wie gesagt, an meinen Terminen. Wir haben eben kaum gemeinsame Wochenenden wie andere Leute, die samstags abends ausgehen. Ich arbeite, und mein Mann bleibt bei den Kindern. Wir verbringen nicht viel Zeit miteinander, dafür jedoch um so mehr mit der ganzen Familie, und das genießen wir beide. Ein- oder zweimal im Monat versuchen wir, mit einem befreundeten Ehepaar auszugehen oder irgend etwas zu unternehmen. Uns beiden reicht die Zeit, die wir füreinander übrig haben. Auf diese Weise können wir unsere gegenseitigen Bedürfnisse zufriedenstellen.

F: Gibt es Zeiten, zu denen Sie den Streß von der Arbeit mit nach Hause nehmen und umgekehrt? Haben Sie manchmal den Kopf voller Gedanken?

A: Natürlich. Dabei geht es durchaus sowohl von zu Hause zur Arbeit als auch umgekehrt. Hin und wieder gehe ich zur Arbeit und bin gedrückter Stimmung wegen eines Vorfalls, der sich während der Woche ereignet hat. Irgend etwas ist schiefgelaufen, oder es war eine schreckliche Woche oder ein fürchterlicher Tag, oder ich habe Krach mit meinem Mann oder den Kindern. Dann gehe ich ganz unglücklich zur Arbeit und bin ein ziemlicher Griesgram. Aber so schlecht ist das nicht: Ich gehe von zu Hause weg, betrete eine andere Welt, konzentriere mich auf meine Arbeit und lasse die Probleme hinter mir. Mir scheint das ganz gesund zu sein, denn wenn ich dann wieder nach Hause komme, fühle ich mich besser. Ich habe dann sozusagen eine Auszeit genommen. Man bekommt einen anderen Blickwinkel. Vielleicht war es auch gar nicht so, wie ich zuerst dachte. Und die Probleme, die sich aus meiner Arbeit ergeben, die schleppe ich nicht mit mir heim. Wenn ich montags morgens gehe, verlasse ich meine Arbeit bis zum Samstagabend, wenn ich meinen Dienst wiederaufnehme. Ich bin Kinderkrankenschwester und erlebe eine Reihe an emotional sehr belastenden Momenten, mit denen wir umgehen müssen. Aber wenn ich gehe, lasse ich das alles hinter mir. Damit habe ich keine Schwierigkeiten.

F: Sie sind aktives Kirchenmitglied. Spielt Spiritualität in Ihrem Leben eine große Rolle?

A: Ich denke schon. Sie hat einen Bezug zu vielen Bereichen. Mit ihrer Unterstützung lassen sich alle Situationen bewältigen.

F: Dies sind also Ihre Prioritäten, die Sie sich im Zusammenhang mit einem ausgeglichenen Leben setzen. Sie haben Zeit für Ihre Kinder, für die Familie und Ihre Arbeit.

A: Und für Freundschaften. Ich habe einige gute Freundinnen, und die sind mir auch sehr wichtig.

F: Sie sind Ihnen sehr wichtig. Gibt es Unterschiede zwischen Frauen und Männern bezüglich eines ausgeglichenen Lebens?

A: Das glaube ich schon, denn die Frauen tragen immer noch mehr Verantwortung für das Heim. Ich bin da etwas privilegiert, weil mein Mann große Teile der Kindererziehung übernimmt. Bei den Kindern teilen wir uns die Arbeit zur Hälfte auf. Aber in anderen Familien ist das nicht so. Da trifft die Frau hinsichtlich der Kinder allein alle Entscheidungen und betreibt meist ohne große Hilfe den ganzen Haushalt. Mir fällt da eine ganz bestimmte Frau ein, die mir wirklich leid tut. Das ist einer der wichtigsten Unterschiede zwischen Männern und Frauen. Männer kommen von der Arbeit und lassen sich bedienen – aber vielleicht irre ich mich da auch. Sicherlich hat diese Medaille auch noch eine andere Seite, aber die überlieferte Rolle des Mannes ist es eben, nach Hause zu kommen, zu Abend zu essen und sich in den Sessel zu setzen. Das gibt es schon noch, wenngleich vielleicht nicht mehr so häufig wie früher. Aber Frauen müssen viel mehr Dinge gleichzeitig im Auge behalten. Deswegen würde ich auch ungern mit einer Frau tauschen, die einen 40-Stunden-Job hat. Von Montag bis Freitag arbeiten und dann nach Hause kommen mit all den Anforderungen. Wie die das schaffen, weiß ich nicht. Mir ist ehrlich unklar, wie eine Frau das geregelt bekommt.

F: Würden Sie sich die Möglichkeit offenhalten, wieder ganz zu arbeiten, wenn die Kinder groß sind?

A: Das weiß ich nicht – vielleicht. Ob der Beruf mir weiterhin so wichtig ist, kann ich jetzt noch nicht sagen. Ich arbeite gern, aber wenn ich mich beruflich verbessern möchte, dann sehe ich Schwierigkeiten auf mich zukommen. Und ob ich das möchte, bezweifle ich – ebensowenig, wie ich 40 Stunden die Woche arbeiten möchte.

F: Haben Sie vor der Geburt der Kinder Vollzeit gearbeitet?

A: Das hat sich gar nicht ergeben. Ich hatte gerade meine Ausbildung abgeschlossen, da bekam ich das erste Kind. Und dann fing ich gleich mit der Arbeit an. Die Kinder kamen alle etwas früher als geplant. Ich habe nach dem ersten Kind ein paar Jahre lang Vollzeit gearbeitet. Das war ziemlich stressig und mit zwei Kindern völlig unmöglich. Wie eine Frau Vollzeit arbeiten kann und noch den Haushalt erledigen, das verstehe ich wirklich nicht.

Gespräch mit Carolyn, Autorin und Rechtsprofessorin

Carolyn ist eine verheiratete Rechtsprofessorin mit drei kleinen Kindern. Ihr Mann ist ebenfalls Universitätsdozent. In dem Interview wollen wir der Frage nachgehen, auf welche besonderen Dinge Frauen achten müssen, um ein ausgeglichenes Leben zu führen.

F: Wie würden Sie Ihr Ideal eines ausgeglichenen Lebens beschreiben?

A: Ich wußte bislang nicht, daß ich das schon erreicht habe, aber wichtig ist das Gefühl, nicht angespannt zu sein. Ich fühle mich dann mehr im Gleichgewicht, wenn ich mich auf eine bestimmte Sache voll und ganz konzentrieren kann. Meine Prioritäten sind meine Familie und meine Arbeit, und wenn beide im Widerstreit miteinander stehen, dann gerate ich aus dem Lot.

Aus solch einem Gleichgewicht heraus haben wir jetzt friedliche und sehr erbauliche Weihnachten erlebt. Ich hatte alle Prüfungen abgeschlossen, konnte meine Arbeit ruhen lassen und mich ganz und gar der Familie widmen. Wir haben die Ferien sehr genossen und Plätzchen gebacken, gesungen und das Haus geschmückt. Da hatte ich ein inniges Zugehörigkeitsgefühl zu meiner Familie. Als es dann wieder an die Arbeit ging, konnte ich hier voller Elan und Einsatz losstarten.

Was auch immer ich tue, ich möchte gern meine ganze Aufmerksamkeit darauf richten, und daher ist es wichtig für mich, mein Leben bis zu einem bestimmten Punkt hin in Bereiche zu teilen. Es gibt immer dann Schwierigkeiten, wenn ich versuche, mehrere Dinge auf einmal zu tun. Dann macht es mir auch keinen Spaß mehr. Für mich ist es wichtig, sinnvolle Zeit zu Hause und bei der Arbeit zu haben – beides ist notwendig. Nach der Geburt meines ersten Kindes liebte ich es so sehr, daß ich mir ernsthaft überlegte, mich für eine gewisse Zeit von der Arbeit freistellen zu lassen, um nur noch zu Hause zu sein. Nun haben wir drei Kinder, und es ist mir klar, daß ich die Arbeit ebenso brauche wie das Familienleben. Ohne meinen Job wäre ich einfach nicht so glücklich.

Dann wiederum kenne ich Freunde, die entweder keine Kinder wollten oder sich entschieden haben, ihre Kinder den ganzen Tag in Pflege zu geben. Mit solchen Lösungen wäre ich auch nicht glücklich gewesen. Ich möchte Zeit für meine Kinder haben, und zwar regelmäßig. Mit einer Arbeit, die mit hohem Reiseaufwand verbunden ist oder einen 18-Stunden-Tag verlangt, ist das nicht möglich. Was ich gegenwärtig mache, erlaubt mir eine flexible Terminplanung. Damit kann ich nachmittags zu Hause sein, wenn die Kinder aus der Schule kommen. Manchmal bin ich unausgeschlafen, denn ich arbeite immer noch abends, wenn die Kinder schon im Bett sind. Vergangene Woche habe ich an einem Abend ein Projekt weggelegt, um mir die erste Turnstunde meines Sohnes anzusehen. Natürlich wartete die Arbeit zu Hause, aber die Freude auf seinem Gesicht war den fehlenden Schlaf auf jeden Fall wert.

F: Welche Ideen und Aktivitäten helfen Ihnen dabei, ein Gleichgewicht im Leben zu erhalten?

A: Die Bereitschaft meines Mannes, die Kindererziehung mit mir zu teilen, hat meinem Leben eine andere Wendung gegeben. Zwar kenne ich einige Männer, die ihren Frauen „helfen", aber mir ist kein Paar bekannt, bei dem der Partner soviel Verantwortung und Tätigkeiten übernimmt, wie das bei uns der Fall ist. Wir beide stimmen dabei überein, unsere privaten und beruflichen Anforderungen gemeinsam im Gleichgewicht zu halten.

Damit wir uns den Kindern und unseren Berufen in gebührender Weise widmen konnten, haben wir beide sehr viel private Zeit geopfert.

F: Und wie gleichen Sie das aus?

A: Ich suche mir neue und kreative Wege bei der Arbeit. Ich begegne im Rahmen neuer und sehr schöpferischer Projekte außerdem immer wieder interessanten Menschen und kann mich selbst dabei einbringen, so daß auch meine Bedürfnisse außerhalb des Berufes und der Familie angesprochen werden.

F: Würden Sie mir zustimmen, daß ungelöste Privatangelegenheiten die Arbeitsleistung herabsenken und umgekehrt?

A: Ich sehe das als einen Versuch an, zuviel in den Speicher zu laden. Manchmal muß ich mit so vielen unterschiedlichen

Verantwortlichkeiten und Dingen gleichzeitig umgehen, daß ich dem einzelnen gar nicht mehr die volle Aufmerksamkeit widmen kann. Diese Überlastung durch die Arbeit nehme ich mit nach Hause. Und wenn ich zu Hause überlastet bin, dann wirkt sich das auch auf meine Arbeit aus.

F: Welchen Erfolgsmaßstab legen Sie an sich selbst an?

A: Das ist aber eine ganz schön schwere Frage. Manchmal sagen mir die Leute, daß sie sich wundern, wie ich das alles schaffe. Umgekehrt denke ich oft das gleiche von denen. Und manchmal frage ich mich, wie es überhaupt irgendeiner von uns schafft.

Die Frauen meiner Generation haben verschiedene Rollenvorbilder, denen sie folgen können. Unsere Mütter waren oft Vollzeithausmütter, und es fällt uns leicht, unsere eigene Elternschaft und unsere Hausarbeit mit den Frauen zu vergleichen, die sich von morgens bis abends dieser Aufgabe widmen. Meine Mutter hat fünf Kinder großgezogen und unser Haus in Schuß gehalten, und sie war damit ziemlich ausgelastet. Ich erinnere mich noch, daß sie während des Tages Zeit hatte, Bridge zu spielen. Das würde mir im Traum nicht einfallen – egal zu welcher Zeit. Diese Art von privater Muße habe ich einfach nicht mehr.

Aber wenn ich mich mit meinen Kollegen vergleiche, die ebenfalls familiäre Verantwortung tragen, dann schneide ich schon schlechter ab. Sie können einfach mehr Zeit und Energie in ihre Karriere investieren, als mir das momentan möglich ist.

Meinen Erfolg kann ich am besten anhand meiner Zufriedenheit messen, und zwar der privaten wie der beruflichen. Diese Vergleiche mit anderen Leuten, die einen anderen Lebensstil praktizieren, führen bei mir nur dazu, daß ich mit keinem von ihnen tauschen möchte. Das allerbeste Maß für den Erfolg ist die Zufriedenheit mit meinem Leben.

Gespräch mit Beverly, Grafikdesignerin

Beverly ist eine freiberufliche Grafikdesignerin. Sie ist geschieden und Mutter einer siebenjährigen Tochter.

F: Wie würden Sie Ihr Ideal eines ausgeglichenen Lebens beschreiben?

A: Ein Gleichgewicht besteht für mich dann, wenn alles wie in einem Konzert miteinander harmoniert und wenn die Bedürfnisse der verschiedenen Seiten des Lebens zum Tragen kommen, also die Kinder, die Arbeit und das Zuhause.

F: Als alleinerziehende Mutter kommen schon einige zusätzliche Anforderungen auf Sie zu. Wie schaffen Sie es trotzdem, Ihr Leben im Gleichgewicht zu halten?

A: Ich bin nicht sicher, ob ich das immer schaffe. Ich bin in erster Linie eine alleinerziehende Mutter. Vor sechs Monaten wurde ich geschieden, aber wir lebten schon seit zehn Monaten getrennt. Am schwersten war für mich, all diese vielen notwendigen Dinge zu erledigen. Man ist völlig abhängig davon, jemanden zu haben, der auf das Kind aufpaßt, während man in den Supermarkt rennt, oder wer den Garten umgräbt, während man das Haus putzt und dergleichen mehr. Alle Verantwortung liegt plötzlich bei einem selbst, und das ist hart.

Am besten kann man damit fertig werden, wenn man innehält und Prioritäten setzt. Dann geht man all die verschiedenen Seiten des Lebens durch und überlegt, was wichtig ist, was Zeit kostet und wofür man seine Zeit opfern will. Auf der Grundlage dieser Analyse trifft man dann seine Entscheidungen.

Für mich als alleinerziehende Mutter stand schon sehr bald fest, daß mein Kind einen Platz ganz oben auf dieser Liste einnahm und ich alles tun würde, um seine Bedürfnisse zuerst zu befriedigen. Erst dann kam alles andere. Das bedeutet beispielsweise, daß das Haus nicht immer so blitzt und blinkt, wie es das sicher könnte. Auch die Arbeit im Garten rangiert für mich nicht an oberster Stelle. Ich kümmer mich eben drum, wenn ich Zeit dafür habe.

Gleichzeitig aber muß man sich davor schützen, daß die Bedürfnisse des Kindes einen total auffressen. Ich muß auch an mich denken, denn auch ich habe ebenfalls Bedürfnisse, und ich muß dies und das für meine Zufriedenheit tun, um dann dem Kind auch eine bessere Mutter sein zu können. An dieser Stelle geht es ums Ausbalancieren. Es ist ganz schön knifflig, all diese Dinge miteinander zu verzahnen, und das geht auch nur, wenn man es jeden Tag neu versucht. Eine Mutter überblickt stets alle anstehenden Aufgaben und kann entscheiden, was warten kann und was jetzt sofort geschehen muß.

F: In Ihrem Beruf haben Sie es mit Kunden und mit Abgabeterminen zu tun, die Sie unbedingt einhalten müssen. Wie gehen Sie damit um?

A: Es ist ein ständiges Auf und Ab. Einmal hat man zuviel Arbeit und reibt sich völlig auf, ein andermal dreht man Däumchen, was dann wieder weniger Geld bedeutet. Aber diese Arbeitsweise bringt mir auch ziemlich viel Flexibilität. Ich kann meine Tochter am Nachmittag von der Schule abholen und mit ihr zu Hause Hausaufgaben machen. So muß ich sie nicht in eine Ganztagsschule geben und sie hat Zeit, wieder etwas ruhiger zu werden. Außerdem kann ich ab und an mit ihr Ausflüge machen und ich bin zu Hause, wenn sie krank ist. Die Zeit, die ich dann zur Verfügung habe, nutze ich auch wesentlich effizienter aus. Dadurch arbeite ich besser und vor allem konzentrierter, wobei es manchmal schon ziemlich hart ist.

Es gibt auch Zeiten, zu denen ich ziemlich ungehalten und gereizt bin, vor allem, wenn ich jede Menge Arbeit und nur sehr wenig Zeit für anderes habe. Dann koche ich meiner Tochter ein Abendessen und denke daran, was ich alles in meinem Studio zu erledigen hätte. Mein Studio ist räumlich von unserem Haus getrennt, und wenn meine Tochter schläft, gehe ich nur ungern rüber, denn ich will die Kleine nicht allein lassen. Also überlege ich mir, ob es Sinn macht, einen zweiten Computer für die Arbeit im Haus anzuschaffen. Und dann denke ich mir wieder, warum ich denn auch noch nachts arbeiten will, anstelle mich auszuruhen und es mir gutgehen zu lassen. Wenn ich kann, dann tue ich das schon. Aber es gab auch Zeiten, da wurde ich fast verrückt, soviel Arbeit hatte ich und nur so wenig Zeit dafür. Wenn ich aber auch noch nachts arbeiten würde, dann wäre ich ziemlich schnell ausgebrannt. Andererseits gibt mir meine Tochter so etwas wie eine Rückmeldung, sie ist wie eine Art Airbag. Wenn ich wirklich viel zu tun habe, dann weiß ich wenigstens immer, wofür ich arbeite.

F: Faßten Sie erst nach der Scheidung den Entschluß, selbständig zu arbeiten, oder haben Sie schon vorher auf diese Weise Ihr Geld verdient?

A: Seit zwölf Jahren bin ich nun selbständig. Ein paarmal war ich nahe dran, mich anstellen zu lassen, um ein regelmäßiges Gehalt zu beziehen und regelmäßige Arbeitszeiten zu haben. Wenn man nicht zu Hause arbeitet, dann fällt es sicher leichter, sich auf das Arbeitsleben zu konzentrieren. Zu Hause wird man einfach zu sehr abgelenkt. Aber ich habe mich nach der Geburt unserer Tochter bewußt dafür entschieden, mein Studio in unser Haus zu verlegen. Um anschließend trotzdem eine klare Trennung zwischen Haushalt und Arbeitsplatz zu erreichen, fand ich es eine gute Idee, mit dem Studio umzuziehen. Kleinen Kindern fällt es sicher schwer zu verstehen, warum die Mutter arbeiten muß und warum sie nicht die ganze Zeit mit ihr zusammensein können. Als mein Mann noch da war, ging das ganz gut. Er blieb bei unserer Tochter, und ich konnte mich ein wenig der Arbeit widmen.

F: Wenn Sie arbeiten, kann Ihre Tochter das mittlerweile bewußt wahrnehmen und respektieren?

A: Es geht so, aber sie ist erst sieben Jahre alt. Sie denkt immer noch so: „Wenn ich etwas haben will, dann sofort. Warum kannst du nicht anhalten und mir ein Eis kaufen?" Aber meist klappt es mit ihr schon ganz gut. In manchen Situationen bin ich gegen eine allzu strenge Regelung, und meine Tochter ist sehr verständig. Dann bringt sie ihre Bücher mit ins Studio und setzt sich in eine Ecke und liest, während ich arbeite. Wenn ich erst den zweiten Computer im Haus habe, wird es besser werden, denn dann kann sie mit ihren Spielsachen und Büchern bei mir sein, und ich kann ungestört arbeiten.

F: Sie haben viel über die Zeit gesprochen, die Sie mit Ihrer Tochter verbringen und die Sie in die Arbeit investieren. Wo bleibt Zeit für Sie selbst?

A: Eine Scheidung hat auch positive Nebenwirkungen. Jedes zweite Wochenende ist unsere Tochter bei meinem geschiedenen Mann. Diese Zeit für mich zu haben ist ein richtiger Jungbrunnen. Im Grunde ist mir erst jetzt klargeworden, daß ich das wirklich brauche. Ich bin immer schon ein ziemlicher Einzelgänger gewesen und brauche die Einsamkeit, um mich wieder zu regenerieren. Wie sehr ich darauf wirklich angewiesen bin, ist mir erst jetzt so richtig aufgefallen. In meiner Ehe gab es dafür kein Angebot, und ich habe auch nicht darum gebeten, aber es hat mir ständig gefehlt. Heute habe ich jedes zweite Wochenende im Monat Zeit für mich.

Glauben Sie nur ja nicht, daß ich mich an diesen Wochenenden hinsetze und ein Buch lese. Aber ich weiß, daß diese Zeit mir gehört, daß ich sie gestalten kann, wie ich es für nötig halte. Ob ich nun im Garten arbeite oder in mein Studio gehe oder lese oder einkaufe – für mich ist das richtig erfrischend. Es ist eine jener Erfahrungen, von denen man erst hinterher weiß, wie schlecht man sich ohne sie gefühlt hat. Man schaut zurück und sagt sich, jetzt fühlst du dich sehr viel besser.

Selbstlos zu sein ist etwas typisch Weibliches. Wir erfüllen alle Bedürfnisse von so vielen Menschen, wir tun dies und das, und plötzlich merkt man, wie ausgetrocknet man ist und wie verbraucht die Energien sind. Das kommt noch zu all den anderen Problemen dazu. Es ist eine tolle Sache, Zeit für mich zu haben. Ich bedaure nur, das nicht schon früher in Anspruch genommen zu haben, denn das wäre unserer Ehe sicher gut bekommen. Wenn ich nur ein bißchen Zeit gehabt hätte, meine Energietanks wieder aufzufüllen, dann hätte ich besser ausgesehen und wäre glücklicher gewesen.

F: Gehören zu Ihrem Gleichgewicht auch soziale Bedürfnisse wie beispielsweise Freunde?

A: Klar. Vor und während der Scheidung bekam ich viel Unterstützung durch meine Familie und durch Freunde. Viele, zu denen ich den Kontakt verloren hatte, haben sich wieder gemeldet. Das ist bei vielen Menschen so – auch bei mir. Man heiratet und ist völlig verstrickt in seine eigene Situation und hat keine Zeit oder auch keinen Nerv, die Verbindung zu alten Freunden aufrechtzuerhalten. Die Scheidung hatte also auch ihr Gutes: Alte Freundschaften wurden wieder zum Leben erweckt, und ich habe wieder Kontakt zu Leuten, mit denen ich schon lange nicht mehr gesprochen habe. Das hat mich sehr bestätigt und ist eine angenehme Erfahrung.

F: Können Sie sich an Zeiten erinnern, zu denen Ihr Leben aus dem Gleichgewicht geriet? Wissen Sie noch, wie Sie wieder zurückgefunden haben?

A: Vor allem als Erwachsene hatte ich häufig das Gefühl, wie gut es ist, sich seiner Arbeit widmen zu können, wenn es Probleme mit der Beziehung gibt. Bei meiner Arbeit kann ich meine Probleme vergessen. Ich gehe völlig in ihr auf, und sie gibt mir Halt, und ich freue mich an ihr. Auch das ist ein Gleichgewicht – sich an einen Ort zurückzuziehen, an dem man sicher, glücklich und kompetent ist. Aber es gab auch Zeiten, in denen ich sehr unglücklich mit meiner Arbeit war und alles satt hatte. Dann verlagert man alles auf die Familie und freut sich über die Unterstützung, die man durch sie bekommt. Mein ganzes Leben lang hat sich dieses Gleichgewicht zwischen Arbeit und Familie immer wieder eingestellt.

Nun gab es aber auch Zeiten, in denen sowohl im privaten Bereich als auch bei der Arbeit Probleme auftauchten, und dann denkt man schon darüber nach, wohin man sich denn jetzt wenden könnte. Und da geraten die Dinge aus dem Lot. Sicher geht man durch das Leben, versucht den Kurs zu halten und hält sich an etwas – eine Art von Lebensretter, der vielleicht auch austauschbar ist. Ich habe sicher selbst in den schwierigen Zeiten sehr viel Glück gehabt, denn ich hatte immer das Gefühl, entweder von der einen oder von der anderen Seite unterstützt zu werden. Es ist ganz schön schwierig, selbständig und zudem noch erfolgreich zu sein, aber es zwölf Jahre lang geschafft zu haben gibt mir auch ein ziemliches Selbstvertrauen. Ich habe gute Kunden, die mir auch vertrauen, sich auf mich verlassen und immer wiederkommen. Daraus beziehe ich meine Selbstsicherheit, und es ist auch eine Quelle der Zuversicht.

F: Welchen Erfolgsmaßstab legen Sie an sich selbst an?

A: Wenn ich das irgendwie definieren sollte, dann so: in Frieden zu leben. Aber genau kann ich es Ihnen nicht beschreiben. Es ist eher ein Gefühl – das Gefühl, alles im Lot zu haben und mit allem, was geschieht, zurechtzukommen. Vielleicht weil man über das nötige Instrumentarium sowie über ein stützendes System verfügt. Aber in Frieden zu leben ist nur ein Versuch, diesen Zustand zu beschreiben, denn eigentlich hat es eine sehr viel tiefere Bedeutung.

F: Liegt darin auch eine spirituelle Dimension?

A: Sicherlich. Ich habe mich in den vergangenen Jahren mehr in meiner Kirche engagiert, zunächst, weil ich die Gemeinschaft sehr anziehend fand. Ich mochte die Menschen und empfand es als wohltuend, bei ihnen zu sein. Aber je mehr ich mich engagierte, desto deutlicher nahm ich auch eine spirituelle Kraft wahr, eine Ursache, warum alles so ist, wie es ist. Dank dieser Einsicht geht es mir richtig gut. Zunächst scheint es Dinge zu geben, die schlecht sind, aber wenn man sie durchlebt hat und zurückschaut, dann weiß man, warum sie so und nicht anders geschehen mußten. Das gibt mir Zuversicht und Frieden.

F: Durch was genau rufen Sie sich Ihre Prioritäten immer wieder ins Gedächtnis?

A: Mir ist das nicht bewußt. Wenn ich meiner Kleinen ins Gesicht schaue, dann erinnert mich das an das Wunder, sie zu haben, und wie dankbar ich dafür bin. Sie schenkt mir soviel Freude. Ich bin auch mit mir zufrieden, wenn ich an all die vergangenen Jahre denke. Ich weiß, daß ich stark bin und vieles durchstehen kann, und ich weiß, daß ich am Ende aus jeder Krise noch stärker und zuversichtlicher hervorgehe. Außerdem ist es ein wunderbares Gefühl, zu wissen, daß ich Zeit für mich selbst habe. Manchmal ist meine Tochter traurig, wenn wir uns für ein Wochenende trennen müssen, und dann sage ich, daß es uns nur hilft, einander noch näherzukommen. Wenn ich etwas Zeit für mich habe, bin ich auch die bessere Mutter für sie. Das versteht sie.

F: Wollen Sie noch etwas anfügen?

A: Während wir uns unterhalten haben, ist mir noch etwas eingefallen. Manchmal ist man so sehr in seinen Problemen verstrickt, daß man die Vorstellung von einem Gleichgewicht aus den Augen verloren hat. Dann hilft nur innehalten und sich seine Prioritäten zu vergegenwärtigen, um zu wissen, wie es von hier aus weitergeht. Sonst kämpft man lediglich ums nackte Überleben.

F: Das stimmt – vor allem, wenn das Leben ein solches Tempo einschlägt, daß man ihm nur noch mit Mühe folgen kann. Kaum hat man sich umgedreht, schon ist wieder ein Jahr vorbei. Von der Gesellschaft ist so gut wie keine Unterstützung zu erwarten. Es hagelt zwar Gratulationen zum neuen Haus, zum neuen Auto oder zum Kind, aber keiner fragt dich, ob du glücklich bist.

A: So ist es. Alle richten sich immer nur nach den Insignien des Erfolgs aus, und ich glaube, die wenigsten in unserer Gesellschaft wissen, daß es auch noch andere und wichtigere Maßstäbe gibt. Wie vergänglich doch große Häuser und tolle Autos sind! Wenn ich über meine Scheidung nachdenke, dann betrachte ich selbst diesen Vorgang mittlerweile als eine wertvolle Erfahrung. Dadurch mußte ich innehalten, nachdenken und mir über Sachen klarwerden, vor denen ich lange genug die Augen verschlossen hielt. Innehalten und sich seinen Lebensentwurf zu vergegenwärtigen ist ein Luxus, den wir uns in unserem täglichen Leben kaum leisten. Dabei wäre genau das so wichtig.

WAS UNS DIE NATUR ÜBER EIN AUSGEGLICHENES LEBEN LEHRT

Ein Leben in Harmonie mit der Natur, ihrer Liebe und Tugend, öffnet die Augen für ihre Botschaft. Nach und nach werden wir die einfachen Sinne der beständigen Gegenstände in der Natur kennenlernen, so daß die Welt uns wie ein offenes Buch erscheint und wir in jeder Gestalt die Bedeutung ihres verborgenen Lebens und den letzten Grund erkennen.

Ralph Waldo Emerson

Für ein Leben im Gleichgewicht finden wir in der Natur sechs wichtige Regeln vor:

1. Alles Lebendige strebt nach Wachstum. Wenn eine Pflanze oder ein Baum nicht mehr wachsen, haben sie zu leben aufgehört.
2. Leben und Wachstum sind nur in einer ökologisch ausgeglichenen Umwelt möglich.
3. Die Pflanzen und die Lebenswelt unter Wasser sterben, wenn das ökologische Gleichgewicht gestört ist.
4. Wird das ökologische Gleichgewicht wiederhergestellt, so kehren Leben und Wachstum zurück.
5. Wir müssen die Umweltverschmutzung aktiv eindämmen, um das ökologische Gleichgewicht wiederherzustellen.

6. Wir brauchen Zeit, sowohl für die Verhaltensveränderungen als auch für die Wiederherstellung des ökologischen Gleichgewichts. Nur durch ständiges Handeln geschieht auch etwas.

Nun wollen wir uns diese sechs Regeln etwas genauer ansehen.

1. Alles Lebendige strebt nach Wachstum. Wachstum und Entwicklung sind grundlegende menschliche Bedürfnisse, wie sie in der Natur für Pflanzen und Bäumen ebenfalls Voraussetzungen sind. Wachstum bedeutet für einen Apfelbaum, einen neuen Trieb auszubilden, an dem ein Apfel wachsen kann.

So erfährt auch ein Kind Wachstum, wenn es seine ersten Schritte wagt oder sprechen lernt. Wir Erwachsenen erfahren Wachstum, wenn wir beruflich neue Fähigkeiten erwerben oder ein drängendes Problem lösen.

Auch in unserem Zugehörigkeits-Selbst erfahren wir Wachstum, indem wir neue Freunde gewinnen oder eine bereits bestehende Beziehung vertiefen. Und unser Selbstwertgefühl steigt, wenn wir uns spirituell entwickeln. Und wer endlich seine Rückhand im Tennis beherrscht, dem wurden Wachstum und Entwicklung in seinem Freizeit- und Erholungs-Selbst zuteil.

Erfährt ein Mensch etwas, das für ihn neu ist, dann ist das Bedürfnis nach Wachstum erfüllt. Einen Apfelbaum kümmert es nicht, ob es noch Millionen anderer Apfelbäume gibt, die ebenfalls Äpfel tragen. Wachstum bedeutet für den Baum, größer zu werden und Äpfel zu „produzieren".

Für einen Studenten ist es daher ebenfalls Wachstum, die Chemieprüfung bestanden zu haben. Dabei spielt es keine Rolle, ob Tausende von Studenten diese Prüfung schon vor ihm geschafft haben. Und für einen Verkäufer ist es Wachstum, wenn er einen Vertrag mit einem schwierigen Kunden abgeschlossen hat.

Diese Beispiele veranschaulichen, daß Wachstum und Kreativität sehr persönliches Handeln beinhalten. Ich habe leistungsbesessene Menschen beobachtet, die sich selbst um ihre Zufriedenheit brachten, weil sie dieses Wachstum nicht wahrnehmen wollten. So legt beispielsweise der Marketingexperte eine unerreichbar hohe Latte an, wenn er von sich fordert, eine Strategie zu entwickeln, die noch niemand vor ihm ausgedacht hat. Wenn wir etwas tun, was wir vorher nicht getan haben, dann ist das kreativ und bedeutet Wachstum und Entwicklung.

2. Leben und Wachstum sind nur in einer ökologisch gesunden Umwelt möglich. Alle Pflanzen brauchen ein Gleichgewicht von Sonne, Wasser und Nährstoffen aus dem Boden. Zuviel Wasser und zuwenig Sonnenlicht beeinträchtigen dieses Gleichgewicht und hemmen das Pflanzenwachstum, wie es umgekehrt auch zuviel Sonne und zuwenig Wasser tun. Ein Gleichgewicht läßt sich beispielsweise bei einer Zimmerpflanze wiederherstellen, indem man sie näher ans Fenster rückt.

Ich habe eine Pflanze, deren botanische Bezeichnung ich nicht kenne, bei der ich am Zustand ihrer Blätter sehe, ob sie gegossen und gedüngt werden muß. Hängen ihre Blätter und verändern die Farbe, so ist das ein Signal für mich, aktiv zu werden.

Genauso ist es mit den müden Augen und den herabhängenden Schultern am Ende eines Tages oder einer Woche: Sie wollen uns sagen, daß unser Leben aus dem Takt geraten ist. Wir müssen ein ausgeglichenes Leben führen, wenn wir zu jener wunderbaren Person heranwachsen wollen, die uns innewohnt. Durch diesen ausgeglichenen Lebensstil haben wir Zeit für die Liebe, für den Beruf, für uns selbst und für die Muße.

3. Die Pflanzen und die Lebenswelt unter Wasser sterben, wenn das ökologische Gleichgewicht gestört ist. Wer kennt sie nicht – die

Zeitungsberichte über einst gesunde Seen, die heute infolge massiver Verschmutzung umgekippt sind und aus denen jegliches Leben verschwunden ist? Oder Reportagen über den Zustand der Meere, in denen alles Getier aufgrund ökologischer Katastrophen verpestet wird und unheilbar erkrankt?

Mit einem unausgeglichenen Lebensstil gerät auch unser menschliches Wachstum ins Stocken. Unsere Vitalität und die Energie, die in uns steckt, können sich nicht wieder regenerieren, und wir fühlen uns abgehetzt und müde. Vielleicht feiern wir sogar jede Menge Erfolge, und trotzdem bleiben wir uns als Menschen seltsam unerfüllt.

4. Wird das ökologische Gleichgewicht wiederhergestellt, so kehren Leben und Wachstum zurück. Es gibt viele Beispiele von Flüssen und Seen, die wieder in ein ökologisches Gleichgewicht gebracht worden sind und in die das Leben zurückkehrte. So geht es auch unserer Vitalität und unserer Energie: Sobald wir ein ausgeglichenes Leben führen, kehren beide wieder zurück.

Wie reich unser Leben ist, können wir schon erfahren, wenn wir nur eine Woche lang unseren Lebensstil ändern. Die Ausgeglichenheit erfrischt das ganze Selbst, ähnlich wie frische Luft den Körper erfrischt. Forschungen haben ergeben: Wer mit dem Rauchen aufhört, hat gute Chancen, daß sich Lunge und Herz wieder erholen.

Warum nehmen wir weite Reisen auf uns, um in Nationalparks unberührte und nicht verschmutzte Natur zu erleben?

„Die Natur bedient einen höheren Anspruch des Menschen, den Wunsch nach Schönheit“, sagte Emerson. Der Mensch ist Teil der Natur und in seinem reinen Wesen ebenso schön wie diese. Wenn ein Mensch innere Harmonie erlebt, kommt dies auch durch ein natürliches Strahlen seiner Augen zum Ausdruck.

5. Wir müssen die Umweltverschmutzung aktiv eindämmen, um das ökologische Gleichgewicht wiederherzustellen. Zunächst einmal muß durch eine genaue Untersuchung festgestellt werden, wodurch das ökologische Gleichgewicht gestört wurde. Wenn die Ursachen für die Verschmutzung ermittelt sind, kann man darangehen, die Gewässer zu säubern.

Im Grunde ist dieser Vorgang bei den Menschen sehr ähnlich: Erst durch Handeln wird aus einem ungleichgewichtigen Zustand wieder ein gleichgewichtiger. Wer mit seinem Leben einfach so weitermacht, wird nichts daran ändern.

Um die gestörte Balance wieder ins Lot zu bringen, sind jene vier Schritte nötig, die wir Ihnen im ersten Kapitel vorgestellt haben. Denken Sie noch einmal über die vier Schritte nach:

1. Stellen Sie sich einen ausgeglichenen, gesunden Zustand vor Ihrem geistigen Auge vor. Sehen Sie, wie Sie die Verantwortung für sich übernehmen.
2. Suchen Sie nach den Ursachen für die Schieflage in Ihrem Leben. Machen Sie dabei nicht nur bei den äußeren Gründen halt, sondern wenden Sie sich auch nach innen.
3. Wenn Sie mit Ihrer Ursachenforschung weitergekommen sind, sollten Sie einen konkreten Handlungsplan entwerfen.
4. Setzen Sie den Plan in die Tat um. Denken Sie daran: Es gibt nichts Gutes, außer man tut es.

6. Wir brauchen Zeit, sowohl für die Verhaltensveränderungen als auch für die Wiederherstellung des ökologischen Gleichgewichts. Nur durch ständiges Handeln geschieht auch etwas. Jede Veränderung braucht ihre Zeit. Kein Gleichgewicht läßt sich quasi über Nacht wiederherstellen. Aber, und das ist die frohe Botschaft, es kann wieder herbeigeführt werden, wenn wir an die Rettung eines umgekippten Sees und die Maßnahmen zur Luftverbesserung in unseren Städten denken.

Immer wieder fallen wir in unsere alten Gewohnheiten zurück, und daher brauchen wir im Kampf um ein ausgeglichenes Leben auch Geduld. Wichtig dabei ist, daß wir unsere Pläne weiterverfolgen und uns nicht vom Weg abbringen zu lassen.

Sanskrit ist eine alte indische Sprache, in ihr gibt es ein Wort für Gesundheit, das *svastha* heißt. Übertragen bedeutet das in etwa „in sich selbst bleiben". Richtiger körperlicher, geistiger und spiritueller Gesundheit werden wir uns aber nur erfreuen, wenn wir mit den Bedürfnissen des Selbst im Einklang leben und diese Bedürfnisse auch täglich erfüllen.

Die Natur lehrt uns außerdem noch:
Wenn das Wurzelsystem eines Baumes intakt ist, kann dieser den Verlust einiger Zweige überstehen und sie durch neue, gesunde ersetzen. Ist also das, was sich unter der Oberfläche befindet, gesund, kann das Äußere ruhig einigen Belastungen standhalten und überlebt. Solch ein starkes inneres System aufzubauen ist die Absicht eines ausgeglichenen Lebensstils. Mit ihm überstehen wir die Belastungen der äußeren Welt.

Für dieses Phänomen läßt sich auch noch ein anderer Vergleich finden, und zwar zwischen einem tiefen und einem flachen See. Wer einen Stein in den flachen See wirft, wird sehen, daß die Wellen weiter auseinanderlaufen und es auch länger dauert, bis sich das Wasser wieder beruhigt hat. In einem tiefen See verursacht der Aufschlag des Steines kurze Wellen, und das Wasser beruhigt sich wieder schneller. Offensichtlich kann der tiefe See die durch den Stein hervorgerufene Störung besser verkraften als der flache.

Kein Tier gleicht exakt dem anderen – und das trifft auch auf alle Pflanzen zu. Die Schönheit der Natur liegt in ihrer Vielfalt. Der faszinierende Reiz einer Landschaft entsteht durch die verschiedenen Farben der Blumen und Blätter. Und genauso basiert die Schönheit einer Gemeinde, einer

Nation und der ganzen Welt auf der Einzigartigkeit jeden Individuums.

Nationalparks sind so wunderbar, weil sie so sind, wie sie sind. Wasserfälle und Berge kennzeichnen den Yosemite-Nationalpark. Der Grand Canyon hat seinen eigenen Charme, und die Strände von Hawaii ziehen die Menschen auch ohne künstliche Veränderung an.

Die Natur bittet darum, nicht zerstört zu werden. Um ihre Schönheit zu bewundern, fahren oder fliegen wir oft stundenlang. Leben wir mit uns im Frieden, so befinden auch wir uns in unserem natürlich-schönen Zustand.

Aber nur wenn wir einen Schritt zurücktreten und uns das ganze Bild vergegenwärtigen, vermögen wir die Faszination eines Grand Canyon oder des Niagara-Wasserfalls auch wahrzunehmen. So geht es uns auch im Leben: Wir müssen einen Schritt zurücktreten, um den ganzen Lebensentwurf zu sehen.

Die Natur feiert ihren Reichtum, indem sie die vier Jahreszeiten – Frühling, Sommer, Herbst und Winter – vor uns ausbreitet. Nehmen Sie sich Zeit für Ihr ganzes Selbst – für die Arbeit, die Liebe, das Selbstwertgefühl und die Muße – und feiern Sie Ihr Leben!

Ich glaube
Ich glaube an den Schöpfer:

Weil es diese wunderbaren Sonnenaufgänge gibt,
die majestätischen Berge,
die grünen Wälder,
die blauen Meere
und all die anderen Wunder der Natur;

weil es Norman Vincent Peale gibt,
Mahatma Gandhi,
Martin Luther King Jr.,
Mutter Teresa
und all die anderen spirituellen Seelen;

weil es die Kornfelder gibt,
die ruhigen Momente,
die Apfelplantagen,
fröhliches Gelächter
und all die anderen lebensbereichernden Dinge;

weil es die Liebe gibt,
die Wut,
das Vergeben,
das Erbarmen
und all die vielen anderen menschlichen Eigenschaften;

weil es nach einem Regen so wunderbar nach den Kiefern riecht,
die Landschaft sich durch den Schnee erfrischt,
es die Zurückhaltung gibt,
es Familienausflüge gibt
und all die vielen anderen einfachen Freuden des Lebens;

weil ich einen Lebensgefährten habe,
Eltern,
Schwester und Bruder,
unschuldige kleine Gesichter
und all die anderen in meinen Leben, zu denen ich gehöre;

weil ich an ein höheres Wesen glaube,
ich mit meinem Sein zufrieden bin,
je mehr ich lerne,
ein erfülltes Leben zu führen,
wächst auch mein Glaube.

Aber mehr als alles glaube ich an den Schöpfer,
weil ich in diesem rasanten Leben
nach Frieden gesucht
und ihn gefunden habe;

weil ich jene dynamische kreative Lebenskraft spüre,
die mir hilft, den Zweck meines Lebens zu erreichen:
das Leben in seiner ganzen Fülle zu feiern.

Die Schönheit einer Blume bleibt unvergänglich – nur sind wir zu sehr beschäftigt, um uns dieser Tatsache bewußt zu sein. Sie wartet auf uns, so wie der menschliche Geist – die uns innewohnende Schönheit und Kraft – auf uns wartet, um entdeckt, wahrgenommen und aktiviert zu werden.

Grosser Test: Leben Sie im Gleichgewicht?

Kapitel 10

Nicht im Geschrei der belebten Straße, nicht in den Rufen und dem Beifall der Masse, sondern in uns selbst sind Triumph und Niederlage.

Henry Wadsworth Longfellow

Damit Sie all das, was Sie in den vorhergehenden Kapiteln gelesen haben, auch anwenden können, haben wir für Sie auf den folgenden Seiten einen Test vorbereitet. Ähnlich einem medizinischen Test werden Sie mit Hilfe des großen „Leben-Sie-im-Gleichgewicht"-Tests herausfinden, ob alles in Ordnung ist. Sollten Sie zu diesem Ergebnis gelangen, so fahren Sie einfach mit Ihrem bisherigen Lebensstil fort. Wenn Sie aber zu einer anderen Überzeugung gelangen, dann sollten Sie einige Veränderungen vornehmen.

Wenn Sie sinnvolle Veränderungen in Richtung eines ausgeglichenen Lebens vornehmen wollen, dann ist bewußte Selbstwahrnehmung ein erster und unbedingt notwendiger Schritt. Die Antworten auf die folgenden Fragen werden Ihnen dabei helfen herauszufinden, in welchen Bereichen Sie größeren beruflichen und privaten Erfolg erzielen können. Wählen Sie für jede Frage die Ihnen richtig erscheinende Zahl aus:

0 – stimmt/trifft meistens zu
1 – teilweise richtig/trifft in der Hälfte aller Fälle zu
2 – stimmt nicht/trifft nur sehr selten zu

Auswertung
Die höchste Punktzahl, die Sie in jeder Kategorie erzielen können, ist 20. Das ist sicherlich keine magische Zahl, die Ihnen verrät, daß sich Ihr Leben in einem perfekten Gleichgewicht befindet. Sie sollen mit diesem Test nur herausfinden, auf welchen Bereich in Ihrem Leben Sie besonders achten müssen.

Die vier Werte sollten Sie dann anhand der Ergebnisse ordnen – also den höchsten zuerst und den niedrigsten zuletzt. Jener Bereich Ihres Selbst, der ganz unten rangiert, braucht in Ihrem gegenwärtigen Leben sehr viel Zeit und Energie.

Eine Frage, die Sie mit 0 beantworten, hilft Ihnen auch zu verstehen, was genau zu dem Ungleichgewicht beiträgt. Entscheidend ist, mit den Veränderungen anzufangen, sei es im Verhalten oder in den Einstellungen. Wenn Sie aber versuchen mehr als einen Bereich in einer gewissen Zeit zu verändern, dann führt das sicher zu Enttäuschungen. Und damit fällt es ihnen dann auch wieder leichter, auf den ursprünglichen Weg zurückzukehren.

Natürlich ist es auch richtig, zu einem gegebenen Zeitpunkt wieder in das bekannte Verhalten zurückzufallen. Wichtig dabei ist nur, daß Sie das erkennen, um es den Tag darauf wieder zu korrigieren.

Das Anerkennungs-Selbst

1. Meine erste Reaktion auf eine neue Idee, an der ich nicht teilhatte, ist: „Das kann so sicher nicht gehen."	0	1	2
2. Ich delegiere ungern Aufgaben und Verantwortung und fühle mich wohler, wenn ich alle Entscheidungen selbst treffen kann.	0	1	2
3. Ich übernehme immer mehr Verantwortung, weil ich der Ansicht bin, nur ich kann es so machen, wie es sein sollte.	0	1	2
4. Sowohl privat als auch beruflich neige ich dazu, andere für meine Fehler verantwortlich zu machen.	0	1	2
5. Ich fühle mich durch meine Arbeit nicht genügend gefordert. Ich könnte mehr leisten.	0	1	2
6. Ich habe das Gefühl, daß ich mich schon einmal besser konzentrieren konnte. (Ich werde während Konferenzen, bei Gesprächen, beim Autofahren usw. unaufmerksam.)	0	1	2
7. Ich neige dazu, mich nur dann zu äußern, wenn ich mit der Arbeit der anderen unzufrieden bin. Ist die Arbeit gut, sage ich nichts.	0	1	2

8. Folgender Satz ist mir schon einmal durch den Kopf gegangen: „Ich habe das Gefühl, meine derzeitige Arbeitsstelle/Beschäftigung ist eine Sackgasse.“	0	1	2
9. Das Leben auf der Überholspur macht mir zunehmend mehr zu schaffen.	0	1	2
10. Meine Tagesverfassung wird durch Sorgen über die Zukunft negativ beeinflußt.	0	1	2

Gesamt ______________

Das Zugehörigkeits-Selbst

1. Es fällt mir schwer, mich bezüglich meiner wahren Gefühle gegenüber meinem Partner oder guten Freunden zu äußern.	0	1	2
2. Von etlichen Menschen in meinem Leben habe ich zu hören bekommen, ich hätte mehr Zeit für sie gehabt, als ich noch nicht soviel Geld verdiente.	0	1	2
3. Nach den vielen Arbeitsstunden fällt es mir schwer, die Arbeit zu vergessen und mich ganz meiner Familie zu widmen.	0	1	2
4. Anstelle anderen zuzuhören und von ihnen zu lernen, versuche ich jedes Gespräch zu dominieren.	0	1	2

5. Wenn mein Partner Einladungen zu einer Party annimmt oder Pläne schmiedet, die meinen Zeitplan durcheinanderbringen, dann verliere ich schnell meine Beherrschung.	0	1	2
6. Es fällt mir schwer, fünf Leute zu nennen, die nur aus reiner Freude gern mit mir zusammen sind.	0	1	2
7. Ich bestehe darauf, immer das letzte Wort zu haben, ob es nun darum geht, welchen Film wir uns anschauen, wohin wir in Urlaub fahren, welches Haus wir kaufen usw.	0	1	2
8. Während der letzten sechs Monate habe ich bei mir ein nachlassendes Interesse an Sex bemerkt.	0	1	2
9. Nach einem langen Arbeitstag fällt es mir schwer, meinem Partner zu sagen, daß ich es alles gut schaffe, weil ich ihn habe.	0	1	2
10. Wenn ich mich mit Freunden treffe, dann meist, um mich sozial oder beruflich mit ihnen zu vergleichen.			

Gesamt ______________

Selbstwertgefühl-Selbst
(innere Harmonie/innerer Frieden)

1. Ich verdiene gut, habe ein glückliches Zuhause und ein gutes soziales Leben. Trotzdem werde ich das Gefühl nicht los, daß irgend etwas fehlt.	0	1	2
2. Immerzu denke ich daran, welche Pläne ich in Zukunft verwirklichen könnte und was ich alles noch nicht habe. Das beansprucht mich voll und ganz.	0	1	2
3. Die Qualität meiner Beziehungen (Zugehörigkeit) ist nicht so, wie ich mir das vorstelle.	0	1	2
4. Es gibt in mir bestimmte Anteile (Interessen, Fähigkeiten), die ich gar nicht zum Ausdruck bringen kann.	0	1	2
5. Ich habe das Gefühl, mich im Vergleich zum vergangenen Jahr spirituell nicht weiterentwickelt zu haben.	0	1	2
6. Ich konnte leider einem weniger glücklichen Menschen nicht helfen, da ich nur damit beschäftigt war, in immer kürzerer Zeit immer mehr zu erreichen.	0	1	2
7. Wenn ich meinen Berufsalltag mit meinen Erwartungen vergleiche, so klafft zwischen beiden eine große Lücke.	0	1	2

8. Um mich „über die Runden zu retten“, brauche ich Tranquilizer, Alkohol oder Säurehemmer.	0	1	2
9. Ich habe das Zeug dazu, ein erfolgreicher Mensch zu sein, aber ich schaffe es einfach nicht.	0	1	2
10. Die Gestaltung meiner Freizeit wird eher von meinen Karrierewünschen getrieben als von mir selbst.	0	1	2

Gesamt ______________

Freizeit-Regenerations-Selbst (Gesundheit)

1. Gern würde ich meinen Freizeitinteressen nachgehen, aber um mich ihnen regelmäßig zu widmen, mangelt es mir an Energie und Zeit.	0	1	2
2. Alles was ich lese, brauche ich für meine Arbeit.	0	1	2
3. Wenn ich Sport mache, bin ich hart zu mir selbst. Mir fällt es schwer, mich zu entspannen und etwas zu genießen.	0	1	2
4. Ich sage mir immer: „Du mußt nur noch diesen Job kriegen oder diesen Vertrag abschließen, dann wirst du dein Tempo drosseln und das Leben genießen.“	0	1	2

5. Ich fühle mich niedergeschlagen, obwohl es dafür keinen Grund gibt.	0	1	2
6. Es fällt mir schwer, nichts zu tun.	0	1	2
7. Auf die Frage, ob ich das vom Leben bekomme, was ich erwarte, antworte ich: „Darüber kann ich nicht nachdenken, denn ich bin ständig damit beschäftigt, meine Rechnungen zu bezahlen."	0	1	2
8. Nichts macht mir mehr richtig Freude – ich weiß auch nicht warum.	0	1	2
9. Nach einem harten Arbeitstag habe ich meistens Schwierigkeiten, mich auf meine Freizeit zu konzentrieren.	0	1	2
10. Es fällt mir schwer, meinen Urlaub zu nehmen, auch wenn ich ihn dringend bräuchte. Ich habe den Eindruck, unabkömmlich zu sein.	0	1	2

Gesamt ______________

Schlußgedanken

Die Unternehmensberaterin Elisabeth Jeffries hat einmal gesagt, einen ausgeglichenen Lebensstil in die Tat umzusetzen gleiche dem Entrümpeln eines Kleiderschranks. Wenn Sie einen neuen Anzug oder ein Kleid in einen bereits vollgepackten Kleiderschrank stopfen, so wird Ihr neues Stück entweder gehörig verknittern oder, schlimmer noch, in dem Wust alter Kleidung einfach vergessen.

Sollten Sie aus diesem Buch eine neue Einsicht gewonnen haben, so dürfen Sie diese ruhig wie ein neues Kleidungsstück behandeln, das Ihnen als besonderes Geschenk überreicht wurde. Entrümpeln Sie Ihren Schrank und schaffen Sie Platz für die Neuerwerbung. Dazu müssen Sie sich leider von einigen alten Stücken (Einstellungen oder Gewohnheiten) endgültig trennen.

Ein Teil Ihrer Kleidung (Beziehungen) wird hervorragend mit dem neuen Stück harmonieren, wenn man sie nur etwas ändert oder ausbessert. Andere Teile (beispielsweise Unternehmungen) müssen gelüftet und umgestapelt werden, denn Sie passen nicht mehr zu Ihrem neuen Lebensstil. Sie wegzuwerfen wäre aber zu schade.

Die Koautorin erinnert sich, wie sie ihren „Kleiderschrank ausgemistet“ hat, um sich Platz (Zeit) für die Entstehung dieses Buches zu schaffen. So wurden beispielsweise die Fernsehabende eingeschränkt, was etwas Luft verschaffte. Die Zeiten für Änderungen und Ausbesserungen mußten von den Kindern übernommen werden, die jetzt im Haushalt aktiver eingespannt wurden, und außerdem wurden die Veranwortlichkeiten für das Manuskript mit dem Autor abgesprochen.

Wir achteten sorgfältig darauf, zu vermeiden, daß wir aus dem Projekt ein Erbstück nähten, indem wir alle Ansätze dazu in Hutschachteln verpackten. Das war, wie uns unsere Familien und Mitstreiter bestätigen können, weder ein einfacher noch ein schmerzloser Vorgang. Aber diese Entrümpelung mit dem Ziel, das Leben im Lot zu halten, wurde auch belohnt. Wir durften lernen, wachsen und hatten Spaß dabei, dieses Buch zu erschaffen.

Unser Leben braucht regelmäßig unsere Aufmerksamkeit – so wie ein Kleiderschrank. Wer seinem Leben diese Aufmerksamkeit schenkt, der wird sich nicht nur bereichern, er wird für die anderen auch zu einem einzigartigen Geschenk und erfüllt damit seine Bestimmung, die ihm mit dem Tag seiner Geburt zuteil wurde.

Stichwortverzeichnis

G

H

I

J

S

T

U

V